BAYU CANGZHEN
——CHONGQING SHI DI-YI CI
QUANGUO KEYIDONG WENWU PUCHA
WENWU JINGPIN TULU

巴渝
藏珍

重庆市第一次全国可移动文物普查文物精品图录

近现代卷

主　编　幸　军

副主编　程武彦　柳春鸣　钟冰冰　欧阳辉

西南师范大学出版社
国家一级出版社　全国百佳图书出版单位

图书在版编目(CIP)数据

巴渝藏珍：重庆市第一次全国可移动文物普查文物
精品图录 / 幸军主编. — 重庆：西南师范大学出版社，
2019.3
ISBN 978-7-5621-5572-0

Ⅰ.①巴… Ⅱ.①幸… Ⅲ.①文物-普查-重庆-图
录 Ⅳ.①K872.719

中国版本图书馆 CIP 数据核字(2019)第 045488 号

巴 渝 藏 珍
——重庆市第一次全国可移动文物普查文物精品图录

主编 幸 军

责任编辑：杨景罡　曾　文　周明琼　熊家艳
　　　　　翟腾飞　鲁　艺　杨　涵　高　勇　谭小军
责任校对：钟小族
书籍设计：王　煤
出版发行：西南师范大学出版社
　　　　　中国·重庆市北碚区天生路 2 号
　　　　　邮编：400715
　　　　　网址：www.xscbs.com
经　　销：新华书店
排　　版：重庆新金雅迪艺术印刷有限公司
印　　刷：重庆新金雅迪艺术印刷有限公司
幅面尺寸：210 mm×280 mm
印　　张：91
字　　数：1213 千字
版　　次：2019 年 5 月第 1 版
印　　次：2019 年 5 月第 1 次印刷
书　　号：ISBN 978-7-5621-5572-0

定　　价：698.00 元(全六卷)

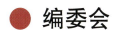 **编委会**

主　　编	幸　军
副 主 编	程武彦　　柳春鸣　　钟冰冰　　欧阳辉
编　　委	严小红　　杨柱逊　　梁冠男　　刘华荣　　夏伙根
本册主编	艾智科　　张蕾蕾

序

重庆是中国历史文化名城,具有悠久的历史和光荣的革命传统,积淀了巴渝文化、革命文化、抗战文化、三峡文化、移民文化、统战文化等人文底蕴。这些丰厚的文化遗产,延续着这座城市的历史记忆。

可移动文物是宝贵的文化遗产,是传承弘扬中华优秀传统文化的重要载体。2012年至2016年,国务院部署开展第一次全国可移动文物普查,这是保护传承中华优秀传统文化的重大举措,是加强国家软实力建设的重要文化战略,也是全面夯实我国文物工作基础的关键工程,具有里程碑意义。

五年来,在重庆市委、市政府的领导下,全市各级有关部门和各级普查机构精心组织,高效推进,广大一线普查员攻坚克难、敬业奉献,圆满完成了可移动文物普查任务,取得了丰硕的普查工作成果。

面对可移动文物总量大、范围广、类型多、收藏单位多元、保存情况复杂等现状,我市以县域为基本单元、国有单位为基本对象的网格式调查排查,实现了地理范围的全覆盖、国有单位的全参与、文物核心指标的全登记,摸清了国有可移动文物家底,建立起全市可移动文物资源数据库。普查结果显示,全市国有文物收藏单位有165家,采集登录可移动文物148.2489万件,收录文物照片91.5479万张。我市国有可移动文物呈现出文物类型丰富、文化序列完整、地域特色鲜明、分布相对集中等特点。35个文物类别均有分布,从200万年前至现代,重要历史时期反映社会生产生活的各类文物齐备,三峡文物、革命文物、抗战文物最具重庆地域特色。

在普查过程中,全市参与普查工作的普查员共6671人,举办各类培训432次,共调查国有单位26104家,新建近15万件/套文物的档案。各单位按照普查工作要求开展藏品清点,核查账物对应情况,补充完善文物信息,健全藏品账目档案,建立健全文物管理制度。同时,我市还通过自主研发文物信息离线登录平台,建立文物信息逐级审核制度、数据审核专家责任制等工作机制,确保了普查进度和数据质量。

通过五年的普查,全市建立了国有可移动文物认定体系,健全了国有可移动文物收藏管理制度,构建了国有可移动文物动态监管体系,建立起统一的可移动文物的登录标准,为我市可移动文物保护和利用奠定了良好的基础,也为探索建立覆盖全市所有系统的文物保护利用体系创造了条件。

普查工作期间,我市还在文化遗产宣传月和主题日组织开展形式多样的专题宣传活动,利用文物普查成果,拍摄《国宝大调查》专题片,举办"细数家珍,传承文明——重庆市第一次全国可移动文物普查"展览,并在全市各区县巡展,普及文化遗产保护知识,营造文化遗产保护氛围。重庆中国三峡博物馆组织参观者探访文物保护中心实验室,让观众了解文物保护修复过程;重庆市文化遗产研究院组织文物保护志愿者走进考古工地,体验考古发掘出土文物的过程,组织文博专家在各大中小学开展文化遗产保护专题讲座,提升青少年学生对文化遗产保护的认知。

普查过程中,各普查收藏单位通过对珍贵文物的整理研究,进一步发掘出文物的历史价值、艺术价值和科学价值,发表与普查成果相关的文章150余篇,还出版藏品图录和藏品专题研究图书。2013年起,以普查为契机,我市率先启动抗战可移动文物专题研究,先后对全市抗战文物、革命文物、长征文物(可移动文物部分)进行调查统计,为下一步开展文物保护利用奠定了良好的基础。2016年,受国家文物局委托,我市对四川、云南、贵州、重庆等西南4省市的抗战可移动文物进行专项调查,并编制完成了《抗战文物(可移动)专项调查报告——以西南四省市为例》。

在可移动文物普查基础上,我市组织开展镇馆之宝评选活动,评选出354件/套镇馆之宝。重庆中国三峡博物馆先后编辑出版《重庆中国三峡博物馆馆藏文物选粹·玉器》《重庆中国三峡博物馆馆藏文物选粹·鼻烟壶》和《重庆中国三峡博物馆馆藏文物选粹·铜镜》等图录,以"馆藏江南会馆文物资料整理与研究"为题,作为2015年度重庆市社会科学规划特别委托项目立项。渝北区编辑出版《渝北古韵》,在普查清理木质文物的基础上,重点研究馆藏特色古床等文物。黔江区文化部门经过系统整理,出版了《双冷斋文集校注》《笏珊年谱校注》,填补了黔江区清代历史文献的空缺。

为了让第一次全国可移动文物普查成果更好地服务于社会,重庆市文物局编辑出版《巴渝藏珍——重庆市第一次全国可移动文物普查总结报告暨收藏单位名录》和《巴渝藏珍——重庆市第一次全国可移动文物普查文物精品图录》。前者由重庆市的普查总报告、全市6家直属单位和39个区县的普查分报告、重庆市第一次全国可移动文物普查收藏单位名录三个部分组成,是中华人民共和国成立以来重庆市首次对可移动文物进行全面综述;后者从全市石器、铜器、书法绘画等35个类别、148.2489万件藏品中遴选出1604件/套文物,分六卷进行编辑,入选文物年代序列完整,类型丰富,是全市国有可移动文物珍品的群集荟萃,反映了重庆历史文化传承脉络,体现了重庆深厚的历史文化底蕴。

保护文物功在当代,利在千秋。回望过去,我市通过普查,全面掌握了可移动文物的数量分布、保存状况、文物价值等重要信息,向摸清文物资源家底、健全文物管理机制、发挥文物公共服务功能迈出了关键的一步。展望未来,保护文物、传承历史,让收藏在博物馆的文物、陈列在广阔大地上的遗产、书写在古籍里的文字都活起来,我们深感任重道远。

幸　军

Preface

Chongqing is a historically and culturally prestigious city in China that boasts a long history and a glorious revolutionary tradition. Chongqing has cultivated Bayu culture, revolution culture, culture of War of Resistance Against Japanese Aggression, the Three Gorges culture, immigrant culture, united front culture, and other humanistic and cultural references, leaving an extremely rich cultural heritage and extending the historical memory of the city.

Movable cultural relics are precious cultural heritages and important carriers for the inheritance and promotion of excellent traditional Chinese culture. From 2012 to 2016, the State Council had deployed and carried out the first national survey on movable cultural relics, which was a major measure taken to preserve and inherit excellent traditional Chinese culture, an important cultural strategy to promote national soft power, and a key project to comprehensively consolidate the foundation of Protecting China's cultural relics.

Over the past five years, under the leadership of the municipal Party committee and municipal government of Chongqing, relevant departments at all levels within the city have formulated the overall planning and requested high standards; census institutions at all levels have meticulously organized and efficiently promoted relevant work; plenty of front-line census enumerators have overcome various difficulties and dedicated to the project, successfully completing the first national census on movable cultural relics and achieving fruitful census results.

Faced with a large number of movable cultural relics that come from a wide range and are reserved by various collection units with complex preservation conditions, the city carried out a grid-style screening and examination which took counties as the basic units and state-owned units as the basic objects. Eventually, the city realized coverage of all geographical areas, participation by all state-owned units, and registration of all key indicators of cultural relics, captured a clear picture of state-owned movable cultural relics, and established the city's movable cultural relics resources database. According to the census results, there are 165 state-owned cultural relics collection units in the city, among which 1,482,489 movable cultural relics and more than 90 thousand photos of cultural relics have been collected and registered. The state-owned movable cultural relics in our city are characterized by rich types of cultural relics, complete cultural sequences, distinct regional characteristics, relatively concentrated distribution, etc. Dating from modern times to 2 million years ago, cultural relics have been found in all 35 types, including complete cultural relics that reflected the production and social life in important historical periods. The cultural relics of the Three Gorges, revolution, and the War of Resistance are of the most distinctive regional features of Chongqing.

During the census, a total of 6,671 census enumerators have participated, 432 trainings of various kinds have been held, a total of 26,104 state institutions have been surveyed, and nearly 150,000 pieces/set of new cultural relics archives have been built. In accordance with the requirements of the census, all units have carried out inventory checking of cultural relics, checked up accounts, supplemented cultural relics information, improved the accounts and archives of cultural relics, and established a sound cultural relics management system. Meanwhile, the city has developed an offline registration platform for cultural relics information through independent research and established a level−by−level verification system for cultural relics information and an expert responsibility system for data verification and other working mechanisms, which ensured the normal work progress and high data quality of the census.

Through five years of census, the city has established an identification system for state−owned movable cultural relics, a sound collection and management system for state−owned movable cultural relics, built a dynamic supervision system for state−owned movable cultural relics, and established a unified registration standard for movable cultural relics, laying a solid foundation for the protection and utilization of movable cultural relics, and providing conditions for exploring to build a system for the protection and utilization of cultural relics that covers all systems in the city.

During the census, the city has organized various forms of special promotional activities in the Cultural Heritage Promotion Month and on the Cultural Heritage Promotion Theme Day. Making use of achievement of the census, the city produced a feature film called *the National Treasure Census*, held exhibitions in all districts and counties of the city titled *Checking out Family Treasures and Passing Down Civilization—Chongqing's First Census on National Movable Cultural Relics*, popularized knowledge on cultural heritage protection and created an atmosphere for cultural heritage protection. Chongqing China Three Gorges Museum organized visitors to see the laboratory of the Cultural Relics Protection Center for them to understand the conservation and restoration process of cultural relics. Chongqing

Institute of Cultural Heritage organized cultural relic protection volunteers to set foot on archaeological sites and experience the process of excavating unearthed cultural relics, and organized cultural and museological experts to hold special lectures on cultural heritage protection in primary and secondary schools, so as to raise young students' awareness of cultural heritage protection.

In the process of the census, all collection units have further explored the historical value, artistic value and scientific value of culture relics, published more than 150 articles related to the census results, and published collection catalogues and special research books on collections through collating and research of the precious cultural relics. Since 2013, taking the census as an opportunity, the city has taken the lead in starting special research on the movable cultural relics during the War of Resistance. The census and statistics on relics concerning the War of Resistance, revolution, and the Long March (movable cultural relics) of the city have been conducted successively, laying a good foundation for further protection and utilization of cultural relics. In 2016, entrusted by the National Cultural Heritage Administration, the city conducted a special examination on movable cultural relics concerning the War of Resistance in 4 provinces and municipality in southwest China (Sichuan, Yunnan, Guizhou, and Chongqing), completed the compilation of *Special Survey Report on Relics of the War of Resistance (Movable) — Taking Four Provinces and Municipality in Southwest China as An Example*.

Based on the census on movable cultural relics, the city organized a selection of museum treasures in which 354 pieces/set of museum treasures stood out. Also, cultural and creative design contest was launched, and Chongqing China Three Gorges Museum has successively edited and published catalogues including *Selective Collection of Chongqing China Three Gorges Museum — Jades*, *Selective Collection of Chongqing China Three Gorges Museum — the Snuff Bottles*, and *Selective Collection of Chongqing China Three Gorges Museum — the Bronze Mirrors*. A special project named *Data Compilation and Research of Cultural Relics of Jiangnan Club* was launched as entrusted by Chongqing social science planning of 2015. Yubei District edited and published *Yubei Ancient Charm*. On basis of the examining and sorting out wooden cultural relics, it focused on research on featured ancient beds and other cultural relics in the collection. After systematical arrangement, the cultural department of Qianjiang District published *Annotates on the Collected Works of Shuanglengzhai* and *Annotates on the Hushan Chronology*, which filled the gap of historical documents of Qianjiang District during the Qing dynasty.

In order to make the results of the first national census on movable cultural relics better serve the society, the Cultural Heritage Bureau of Chongqing edited and published *Bayu Treasures — Summary of Chongqing's First National Census on Movable Cultural Relics and Collection Units Directory* and *Bayu Treasures — the Catalogue of Selective Cultural Relics from Chongqing's First National Census on Movable Cultural Relics*. The former is composed of 3 parts: The census report by Chongqing municipality, the reports by 6 directly affiliated units of Chongqing municipality and 39 districts and counties, as well as directory of the collection units of Chongqing's first national census on movable cultural relics. It is the first comprehensive census on movable cultural relics in Chongqing since the founding of the People's Republic of China. The latter selects more than a thousand pieces/sets of cultural relics from 1,482,489 items among the city's 35 categories including stone and bronze artifacts, calligraphy, and paintings. It is compiled in six volumes with complete chronological sequences and various types of cultural relics. It boasts a diverse collection of state−owned movable cultural relics of the city, reflects the historical and cultural context of Chongqing, and demonstrates the profound historical and cultural heritage of Chongqing.

The preservation of cultural relics in the contemporary benefits generations in the future. Looking back on the past, the city has comprehensively grasped the quantity, distribution, preservation status, cultural heritage value and other important information of movable cultural relics through the census, which is a pivotal step to obtain a thorough understanding of cultural heritage resources, improve the cultural heritage management mechanism, fulfill the public service function of cultural heritage. Looking forward to the future, we have a long distance to cover and heavy responsibilities to shoulder in protecting cultural relics, inheriting the history, and bringing to life the cultural relics collected in museums, heritage displayed on the vast land, and characters written in ancient books.

XING, Jun

目录

概述

一

本卷共收录文物 340 件/套,涵盖了第一次全国可移动文物普查分类中文件、宣传品,名人遗物,档案文书,古籍图书,玺印符牌,武器,铁器、其他金属器,票据,石器、石刻、砖瓦,书法、绘画,织绣,交通、运输工具,陶器,铜器,碑帖拓本以及其他类文物等 16 个类别。

根据《第一次全国可移动文物普查馆藏文物类别说明》,文件、宣传品是指反映历史事件的正文文件或文件原稿,传单、标语、宣传画、报刊、号外、捷报、证章、奖章、纪念章等。档案文书是指历代诏谕、文告、题本、奏折、诰命、舆图、人丁黄册、田亩钱粮簿册、红白契约、文据、书札等。古籍图书是指历代写本、印本、抄本、稿本、图书等,中华民国时期的图书也列入此类。玺印符牌是指历代金银铜铁石牙玉瓷木等各种质地的印章、符节、画押、封泥、印范、符牌等。武器是指各种兵器、弹药和军用车辆、机械器具等。织绣是指历代棉、麻、丝、毛织品、缂丝、刺绣、堆绫等。铁器、其他金属器是指历代以除金、银和铜之外的金属为主要材质的生产工具、生活用具及其他制品(不包括钱币和雕塑、造像)。票据是指各种门票、车船票、机票、供应证券、税票、发票、储蓄存单、存折、支票、彩票、奖券、金融券、单据等。交通、运输工具是指各种民用交通工具及辅助器物、制品,如舆轿、人力车、兽力车、汽车、摩托、船筏、火车、飞机等。石器、石刻、砖瓦是指历代以石为主要材质的生产工具、生活用具及其他制品(不包括雕塑、造像)。书法、绘画是指历代各种书法绘画作品。陶器是指陶制文物,泥制、三彩、紫砂、珐花、生坯、泥金饼、泥丸、陶范等制作的生产工具、生活用具及其他制品。铜器是指历代以铜为主要材质的生产工具、生活用具及其他制品(不包括钱币和雕塑、造像)。碑帖拓本是指刻在木板或石头上的石刻或古人书法墨迹。其他类文物是指在文物普查范围内,其他属于人类在历史发展进程中遗留的、由人类创造或者与人类活动有关的一切具有价值的物质遗存,且在已列明确 34 种文物之外的文物。

本卷图册收录文物来源于 21 家收藏单位。其中有一级文物 183 件,二级文物 99 件,三级文物 93 件(皆为实际数量)。

1840 年鸦片战争之后,中国逐渐沦为半殖民地半封建社会。之后,帝国主义和中华民族的矛盾,封建主义和人民大众的矛盾,这些就是近代中国社会的主要矛盾。深处内陆腹地的重庆在这一大变局的影响下,政治、经济、文化、社会等各领域都发生着前所未有的变化。直至 1949 年 11 月 30 日重庆解放的一百余年间,一批批英雄的重庆儿女为民族独立和人民解放做出了卓越的贡献。之后的数十年,重庆人民在中国共产党的领导下,开辟了新的制度,不断开创新的历史,为追求社会进步和生活富裕谱写了壮丽诗篇。历史是最好的教科书。尽管近现代史只有一百多年的时间,但其曲折的历程却被成千上万的文物所承载。只要将它们稍加分类,就可以清晰地绘织出重庆近现代社会演进的图景。

值得注意的是,近现代文物与其他时代的文物不同,其质地更多样、背后的历史线索更清晰。尤为重要的是,一些主要的文物收藏机构长期以来对近现代文物通常采取单独保管的方式。这就使得近现代文物在分类时,不宜简单地按照质地、属性、功用等划分,而需要根据文物的历史背景及时代特点来划分。重庆近现代历史内容十分丰富,文物数量较多。根据重庆近现代历史发展的阶段性特点,我们将这些遴选出来的文物作了时段性归类,分为:从鸦片战争到辛亥革命时期、从五四运动到大革命时期、抗日战争时期、解放战争时期、中华人民共和国初期。这五个阶段涵盖了自 19 世纪 40 年代到 20 世纪 50 年代的 120 年。这 120 年中,从鸦片战争到辛亥革命时期,总体上与旧民主主义阶段相对应;

从五四运动开始到解放战争结束的时期,总体上与新民主主义阶段相对应;中华人民共和国初期,总体上与社会主义革命与早期建设阶段相对应。各个历史时期都有比较明显的特点,这些特点在相应的文物中有不同程度的反映。

二

以下以时代为序,就五个时期予以说明:

(一)从鸦片战争到辛亥革命时期

从鸦片战争到辛亥革命时期总体上对应的是旧民主主义革命时期。鸦片战争是中国近代史的开端,它对中国产生的影响是广泛而深远的。不过,就重庆而言,由于位于长江上游,鸦片战争所开启的时代意义直到大约半个世纪后才凸显出来。开埠是近代重庆发展史上具有里程碑意义的事件,一些新的社会经济形态开始出现。紧接着,以反洋教斗争、追求民主共和等为主要内容的革命风起云涌。与此同时,民族资本主义得到迅猛发展,社会进步思潮广泛传播。因此,开埠对重庆的影响是全方位的。从这个意义上讲,辛亥革命在重庆的发生、发展及其对周边局势带来的变化都与开埠密不可分。

本卷图册共遴选了从鸦片战争到辛亥革命时期的文物共35件/套,如清黄开基墓砖、清林则徐手札册、清太平天国将士使用过的铜炮、清代光绪十七年(1891年)大足教案清政府辑拿余栋臣的公文、1902年邹容在日本留学时给家人写的信、辛亥革命时期四川同盟会会章、辛亥革命时期蜀军政府讨满虏檄文等。这些文物按文物级别来划分,有一级文物13件/套,二级文物6件/套,三级文物7件/套,一般或未定级文物9件/套。如果按文物种类来分,有档案文书8件/套,名人遗物5件/套,古籍图书5件/套,文件、宣传品5件/套,交通、运输工具2件/套,票据3件/套,石器、石刻、砖瓦1件/套,书法、绘画1件/套,铁器、其他金属器1件/套,武器1件/套,玺印符牌1件/套,碑帖拓本1件/套,其他1件/套。

(二)从五四运动到大革命时期

旧有政治、经济、文化体系的瓦解并不意味着新秩序已然建立。五四运动之后的新民主主义革命点亮了走向光明的灯塔。尽管军阀连年混战,但以学生救亡为先导的反帝爱国运动不断掀起高潮。随着马克思主义的传播,共产主义小组于1920年开始在重庆建立。此后,重庆的历史翻开了新的一页。在杨闇公、吴玉章、萧楚女、冉均等人的努力下,第一次国共合作在重庆得到迅猛发展。然而,由于国民党右派及地方军阀的叛变,大革命的形势急转直下,重庆不少革命志士在1927年被杀害。大革命的失败,使得中国共产党重庆组织转入地下,他们根据实际情况,积蓄力量,为迎接新的革命时代的到来做好准备。

本卷图册共遴选出从五四运动到大革命时期的文物24件/套,如1920年5月7日铜梁王邦倜在重庆留法预备学校的毕业证书、中华民国时期聂荣臻留法勤工俭学家书、中华民国杨沧白致廖仲恺的信、1919年五四运动万县学生救国会宣言、1924—1926年杨闇公日记、1930年刘愿庵烈士遗书等。这些文物按文物级别来划分,有一级文物12件/套,二级文物4件/套,三级文物3件/套,一般或未定级5件/套。如果按文物种类来分,有文件、宣传品10件/套,名人遗物6件/套,古籍图书3件/套,档案文书4件/套,铜器1件/套。

(三)抗日战争时期

抗日战争时期是1931-1945年中日民族矛盾逐渐发展并上升为社会主要矛盾的一个阶段。抗日战争持续的14年,在重庆近现代史上显得尤为突出。一方面,局部抗战时期,重庆人民在以收回王家沱、组织成立救国会、红军北上抗日等为代表的历史事件中表现出更加明显的自觉、自醒,中国共产党在重庆的组织力量和群众基础得到较大发展。另一方面,全面抗战时期,重庆成为战时首都,抗日民族统一战线的重要政治舞台、中国战区统帅部所在地。此时的重庆实际上成为全中国乃至世界关注的重要焦点,不少在政治、军事、外交、经济、文化等领域具有划时代意义和国际影响的历史事件都在重庆发生。这一时期,抗日民主运动在重庆得到不断发展,社会各界挽救民族危亡和追求民主进步的呼声达到了前所未有的高度。中国共产党倡导建立的抗日统一战线在重庆开展了广泛的实践,并取得了显著成功,它成为抗日战争胜利的重要法宝。

本卷图册共遴选出抗日战争时期的文物183件/套,如1931年四川各界民众自动收回重庆王家沱日租界运动大会告民众书、1933年红军第四方面军反帝标语石刻、中华民国铜质冀鲁豫军区抗战八年纪念章、爱泼斯坦的外籍新闻记者证、抗日战争时期程默拍摄的《重庆大轰炸》摄影册、中华民国时期郭沫若在抗日战争期间写的话剧《屈原》剧本、1939年5月4日日军轰炸重庆时遗留的弹片、1940年文工会成立招待会的签名轴、1942年陈布雷为蒋介石撰拟的《告入缅将士书》电稿、抗日战争时期国军将领郭勋祺在抗日前线使用过的警枕等。这些文物按文物级别来划分,有一级文物71件/套,二级文物47件/套,三级文物49件/套,一般或未定级16件/套。如果按文物种类来分,有文件、宣传品74件/套,名人遗物38件/套,档案文书19件/套,古籍图书11件/套,武器5件/套,铁器、其他金属器5件/套,织绣4件/套,玺印符牌4件/套,石器、石刻、砖瓦3件/套,票据2件/套,书法、绘画1件/套,陶器1件/套,乐器、法器1件/套,竹木雕1件/套,其他14件/套。

(四)解放战争时期

抗日战争胜利后,国共两党围绕战后和平与建国问题在重庆进行了谈判,这是全国人民的期盼。然而,由于以蒋介石为首的国民党蓄意发动内战,谈判中所签署的协议和绘制的蓝图并没有实现。1946年5月,国民政府还都南京,但这并没有改变其走向没落和失败的命运。与国民党强化专制统治相对应,战后爱国民主运动在重庆风起云涌,中国共产党领导的重庆地下组织也得到发展。然而,1948年4月,部分领导同志的叛变,使得川东地下党组织遭到了严重破坏,直至1949年初才逐渐恢复。随着全国解放形势的发展,国民党被迫退守西南,试图负隅顽抗。

然而,由于国民党背离了民心,背离了历史潮流,其以重庆为据点的军事策略很快被瓦解。1949年11月,中国人民解放军势如破竹,击败了国民党在川东一带的主力宋希濂部。就在重庆即将迎来解放之际,国民党于1949年11月27日将关押在渣滓洞、白公馆等监狱的杨虎城、罗世文、车耀先、周均时、江竹筠等大批革命者和爱国人士实施集体屠杀。

本卷图册共遴选出解放战争时期的文物53件/套,如1945年10月《柳诗尹画》联展签名横披、1946年冯玉祥送给鲜英的《民主之家》木匾、1948年重庆地下党出版的《挺进报》、1949年重庆中美合作所集中营殉难烈士陈策《天快亮的行凶》手稿、1949年重庆中美合作所集中营殉难烈士江竹筠遗书、中华民国杨虎城使用的佩剑等。这些文物按文物级别来划分,有一级文物31件/套,二级文物12件/套,三级文物6件/套,一般或未定级4件/套。如果按文物种类来分,有名人遗物19件/套,文件、宣传品12件/套,档案文书11件/套,古籍图书5件/套,石器、石刻、砖瓦1件/套,玺印符牌1件/套,音像制品1件/套,其他3件/套。

(五)中华人民共和国初期

中华人民共和国成立宣告了一个新时代的到来。1949年11月30日重庆解放之后,在中国共产党的领导下,重庆人民开始建立和维护新民主主义政权,社会秩序和生产生活逐步得到恢复。与此同时,重庆作为当时中共中央西南局、西南军政委员会驻地,还担负着解放西南、清除国民党残余势力的任务。在经济领域,随着三大改造的完成,重庆开始沿着社会主义的建设道路不断发展。此后数十年,尽管历经波折,但重庆在经济建设和社会发展上仍然取得了巨大成就。

本卷图册共遴选出这一时期的文物44件/套,如1951年和平解放西藏时阿沛·阿旺晋美赠送给刘伯承的藏剑、中华人民共和国初期邓小平、刘伯承等重庆各界人士悼念"11·27大屠杀"死难烈士签名布、现代成渝铁路通车纪念章、抗美援朝战争时期邱少云连队战地誓词、1952年上甘岭战斗后遗留的树桩、川北平武藏区抗美援朝宣言、1954年温少鹤的重庆自来水公司股票、1956年《漆鲁鱼自传》手稿等。这些文物按文物级别来划分,有一级文物10件/套,二级文物9件/套,三级文物18件/套,一般或未定级7件/套。如果按文物种类来分,有文件、宣传品21件/套,名人遗物11件/套,档案文书5件/套,书法、绘画2件/套,玺印符牌3件/套,其他2件/套。

三

编纂近现代可移动文物图册是一项相对复杂的工作。一方面,近现代可移动文物不是一个单一的文物普查种类,它涉及的普查类别、质地繁多,这就使编者不能根据普查类别、质地从文物普查系统中检索;另一方面,筛选近现代可移动文物必然面临着如何确定起始时间和截止时间的学术问题,为了回避一些有争议的话题,同时又尽可能全面地反映近现代文物普查的成果,我们在编纂本图册时,将起点确定在1840年,截止时间则定在1959年,共120年。通过围绕这一时间段内重庆的重大历史事件或重要历史人物进行文物筛选,基本将重庆近现代历史的变迁串联起来。人们可以在查阅本图册文物及其信息的基础上,开展延伸阅读,更多地了解文物背后的故事。

重庆是一座历史文化名城,近现代文物是彰显重庆具有光荣革命传统这一城市名片不可或缺的重要载体。近现代文物是整个文物体系的组成部分,人类社会持续演进,必然要求保护、研究、展示好近现代文物。今后,我们应该把重庆近现代文物作为一个整体,充分发挥各收藏机构的优势,互为补充,在文物征集、策展、研究等方面开展更加广泛和深入的合作,围绕重庆近现代史的若干节点形成一些系列特色成果。

从鸦片战
争到辛亥
革命时期

名称:**黄开基墓砖**

时代:清

尺寸:长 32.1 厘米,宽 17 厘米,高 4.4 厘米

普查类别:石器、石刻、砖瓦

收藏单位:重庆市永川区文物保护管理所(永川博物馆)

名称:**黄开基官帽筒**

时代:清

尺寸:直径 35 厘米,高 29.2 厘米

普查类别:名人遗物

收藏单位:重庆市永川区文物保护管理所(永川博物馆)

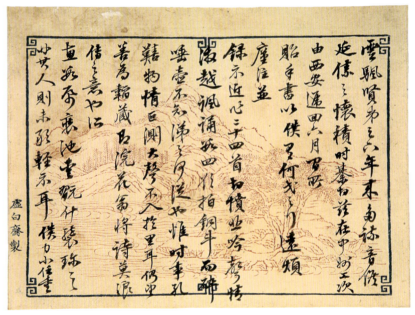

名称:**林则徐手札册**

时代:清

尺寸:长 16 厘米,宽 22 厘米

普查类别:名人遗物

收藏单位:重庆中国三峡博物馆

名称:**太平天国将士使用过的铜炮**

时代:清

尺寸:长 122 厘米,直径 14.7 厘米

普查类别:武器

收藏单位:重庆中国三峡博物馆

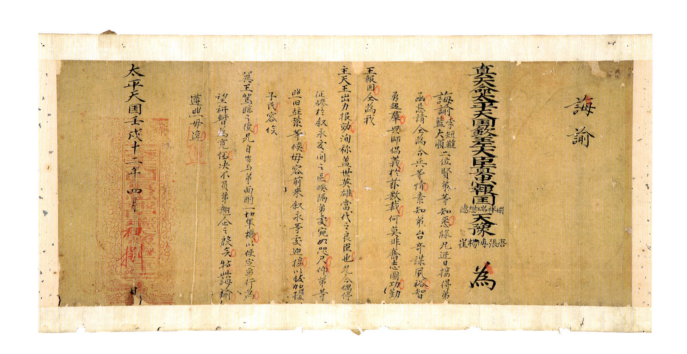

名称：**太平天国石达开部将傅廷佑致农民起义首领李永和、蓝大顺的《诲谕》**

时代：清

尺寸：长66厘米，宽27.3厘米

普查类别：档案文书

收藏单位：重庆中国三峡博物馆

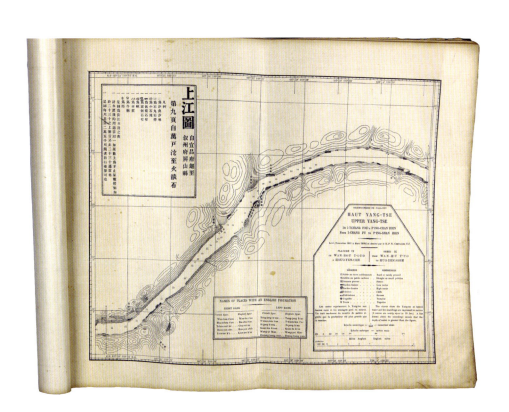

名称:**1897 年法国教士编长江上游导航图**

时代:清

尺寸:长 63 厘米,宽 50 厘米

普查类别:古籍图书

收藏单位:重庆中国三峡博物馆

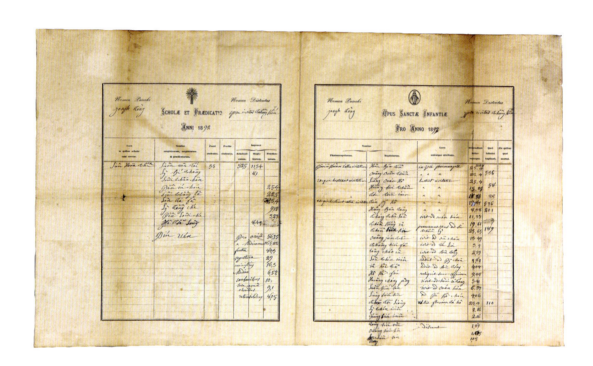

名称:1892 年若瑟堂教士花名册

时代:清

尺寸:长 33 厘米,宽 56 厘米

普查类别:档案文书

收藏单位:重庆中国三峡博物馆

CONSTRUIT EN 1902-1903
PAR ORDRE DU V.A. POTTIER
COMMANDANT EN CHEF D'ESCAD
DES MERS D'EXTRÊME-ORIENT
AVEC UNE SUBVENTION ALLOUÉE
PAR M.P. DOUME
GOUVERNEUR GÉNÉRAL DE L'INDO.

名称:**重庆南岸法国水师兵营 1903 年建筑纪念碑拓片**

时代:清

尺寸:长 123.6 厘米,宽 67.5 厘米

普查类别:碑帖拓片

收藏单位:重庆中国三峡博物馆

名称:1904 年武尔士《激流长江》法文版

时代:清

尺寸:长 22 厘米,宽 16 厘米

普查类别:古籍图书

收藏单位:重庆中国三峡博物馆

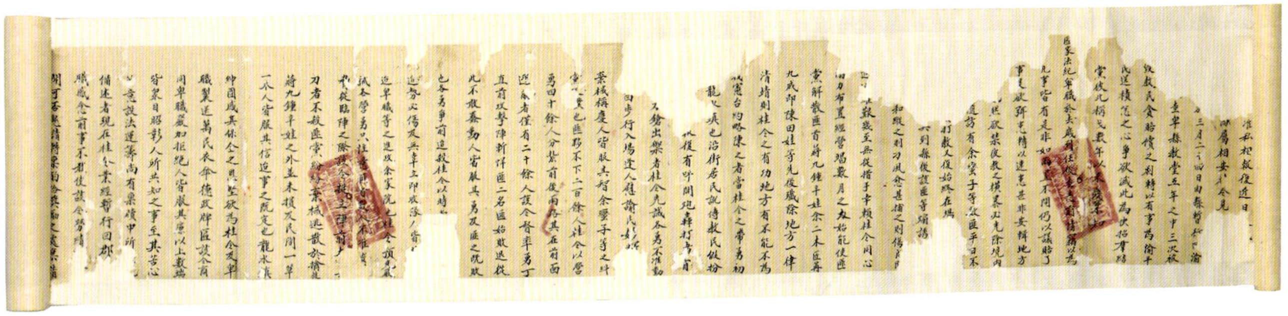

名称:**洋务局发《关于拿获余栋臣札》**

时代:清

尺寸:长 126 厘米,宽 33 厘米

普查类别:档案文书

收藏单位:重庆中国三峡博物馆

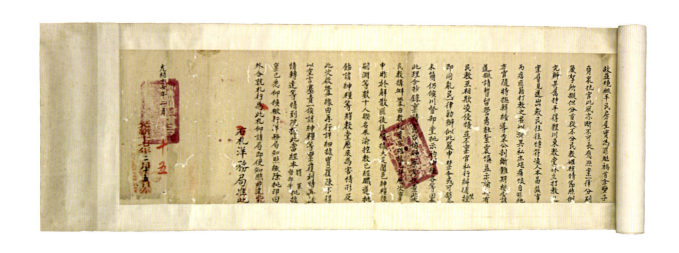

名称:1891 年大足教案清政府辑拿余栋臣的公文

时代:清

尺寸:长 182.2 厘米,宽 24.4 厘米

普查类别:档案文书

收藏单位:重庆中国三峡博物馆

大清國義民余棟臣為忠憤究慘愷切陳示事

大清光緒二十[illegible]年六月十六日

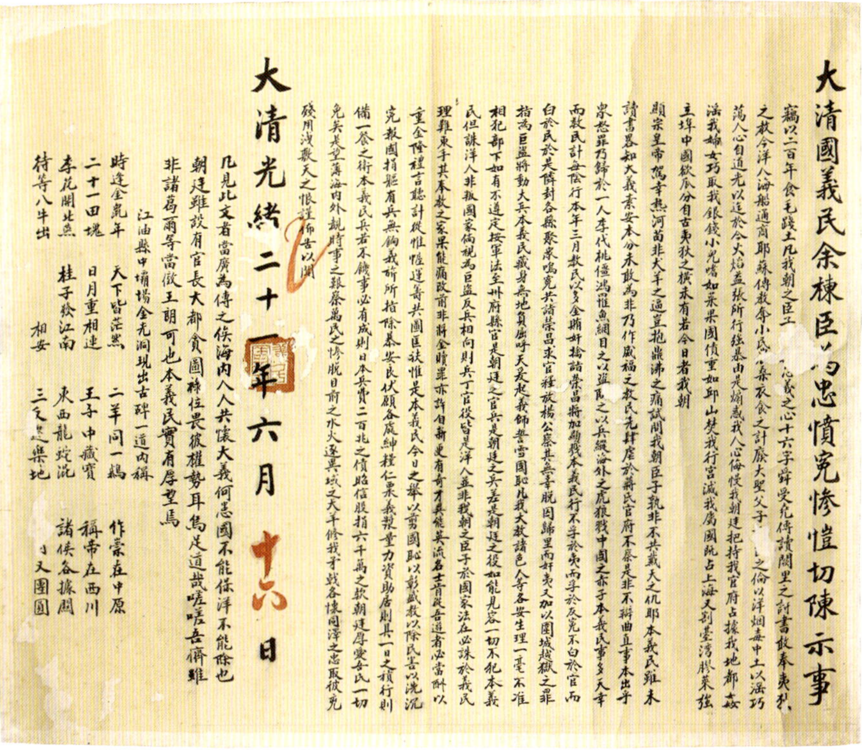

名称：**大足教案义民团余栋臣反帝布告**

时代：清

尺寸：长 95.5 厘米，宽 77 厘米

普查类别：文件、宣传品

收藏单位：重庆中国三峡博物馆

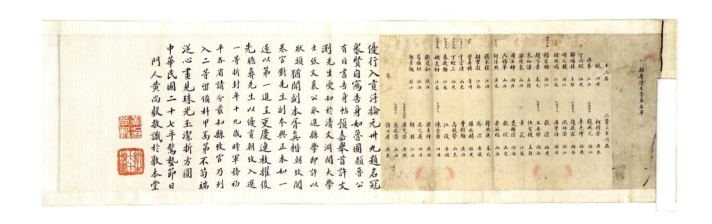

名称: **杨锐楷书《朝考优生等第名单》卷**

时代: 清

尺寸: 长 23.6 厘米, 宽 43.5 厘米

普查类别: 书法、绘画

收藏单位: 重庆中国三峡博物馆

名称:**重庆铜元局出入证章**

时代:清

尺寸:长 4.8 厘米,宽 4.1 厘米

普查类别:文件、宣传品

收藏单位:重庆中国三峡博物馆

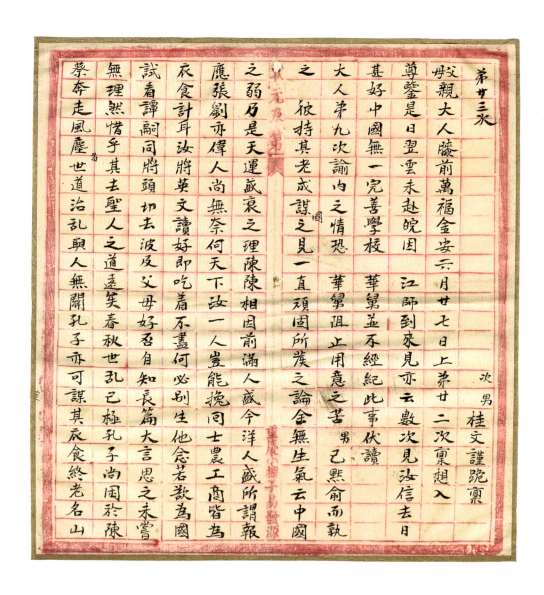

名称:1902 年邹容在日本留学时给家人写的信

时代:清

尺寸:长 23.5 厘米, 宽 22.5 厘米

普查类别:名人遗物

收藏单位:重庆中国三峡博物馆

名称:**1903 年邹容所刻印章**

时代:清

尺寸:长 2 厘米,宽 1.9 厘米

普查类别:玺印符牌

收藏单位:重庆中国三峡博物馆

名称:1911 年 9 月新汉书室发行邹容著《革命军》

时代:清

尺寸:长 17.5 厘米,宽 10.5 厘米

普查类别:古籍图书

收藏单位:重庆中国三峡博物馆

名称:**辛亥革命时期四川同盟会会章**

时代:清

尺寸:直径 5.7 厘米

普查类别:文件、宣传品

收藏单位:重庆中国三峡博物馆

名称:辛亥革命时期四川保路同志会报告(第 12 号)

时代:清

尺寸:长 46 厘米,宽 80 厘米

普查类别:档案文书

收藏单位:重庆中国三峡博物馆

1

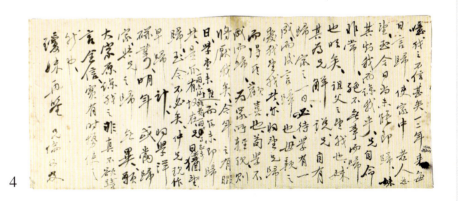

2

3

4

名称:喻培伦烈士家书(第 1、3、11、33 封)一组

时代:清

尺寸:①第 1 封:长 152.7 厘米,宽 27.5 厘米;②第 3 封:长 44 厘米,宽 18 厘米;③第 11 封:长 25 厘米,宽 17 厘米;④第 33 封:长 39 厘米,宽 17 厘米

普查类别:名人遗物

收藏单位:重庆中国三峡博物馆

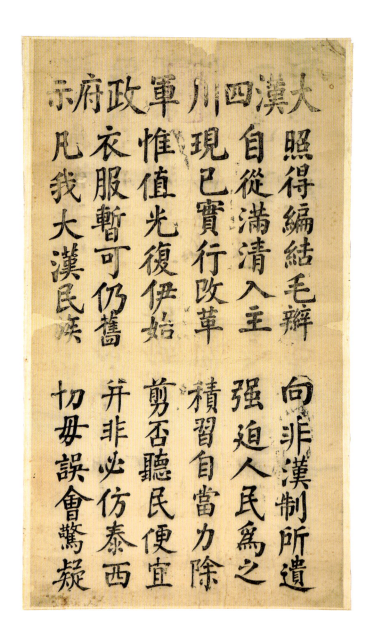

名称:辛亥革命后四川军政府改革编结毛辫告示

时代:清

尺寸:长 102.3 厘米,宽 58.2 厘米

普查类别:档案文书

收藏单位:重庆中国三峡博物馆

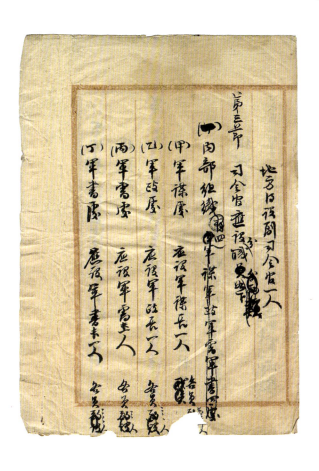

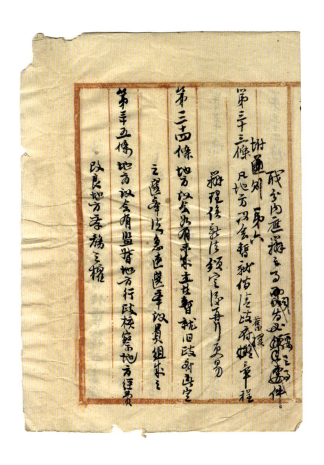

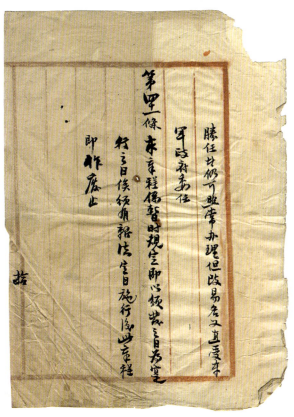

名称:**辛亥革命时期蜀军政府
设置地主司令官实施细则**

时代:清

尺寸:长 26 厘米,宽 18.5 厘米

普查类别:档案文书

收藏单位:重庆中国三峡博物馆

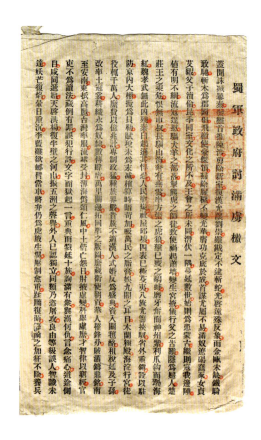

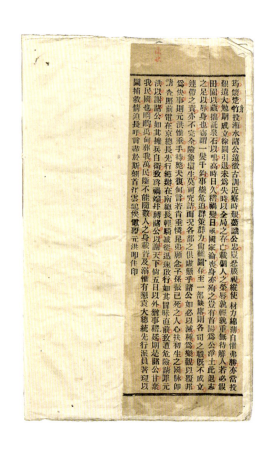

名称：**辛亥革命时期蜀军政府讨满虏檄文**

时代：清

尺寸：长26.5厘米，宽18厘米

普查类别：档案文书

收藏单位：重庆中国三峡博物馆

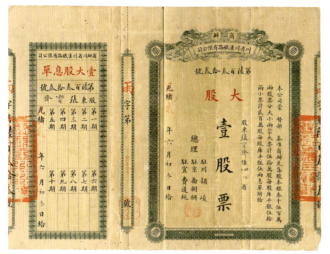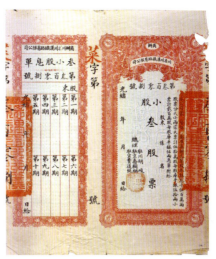

名称:四川省川汉铁路有限公司股票一组

时代:清

尺寸:大股一股票长 36 厘米,宽 27 厘米;小股三股票长 19 厘米,宽 23.5 厘米

普查类别:票据

收藏单位:重庆中国三峡博物馆

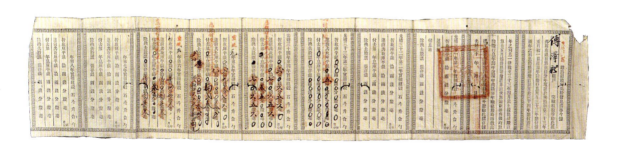

名称:川汉铁路巴县息折

时代:清

尺寸:长 75 厘米,宽 15 厘米

普查类别:票据

收藏单位:重庆市巴南区文物管保护理所(巴南区文化遗产保护中心)

名称:**1911 年德国造重庆铜元局剪刀机**

时代:清

尺寸:长 170 厘米,宽 50 厘米,高 126 厘米

普查类别:铁器、其他金属器

收藏单位:重庆中国三峡博物馆

名称:**拥护共和奖章**

时代:中华民国

尺寸:长 6.1 厘米,宽 5.5 厘米

普查类别:文件、宣传品

收藏单位:重庆中国三峡博物馆

名称:**四川都督府出入证章**

时间:中华民国

尺寸:通长 3.7 厘米,通宽 3.2 厘米

普查类别:文件、宣传品

收藏单位:重庆中国三峡博物馆

名称:**中华民国初年小学课本《共和国文》**

时代:中华民国

尺寸:长 19 厘米,宽 11.8 厘米

普查类别:古籍图书

收藏单位:重庆中国三峡博物馆

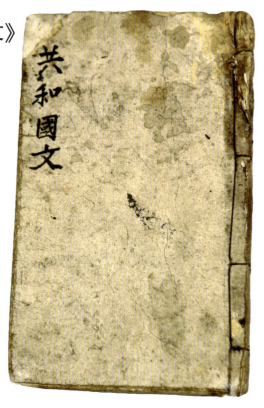

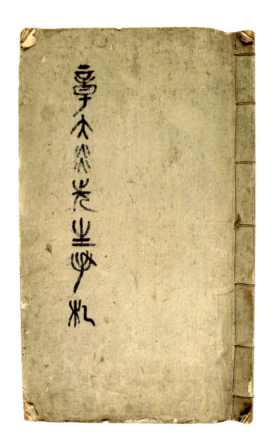

名称:**章太炎先生手札**

时代:中华民国

尺寸:长 27.6 厘米,宽 17 厘米

普查类别:名人遗物

收藏单位:重庆中国三峡博物馆

名称:1912 年蜀军镇抚府教育分司发行《最新国文教科书》第 9 册

时代:中华民国

尺寸:长 21 厘米,宽 13 厘米

普查类别:古籍图书

收藏单位:重庆中国三峡博物馆

名称:**木质花轿**

时代:清

尺寸:长 136 厘米,宽 86 厘米,高 127 厘米

普查类别:交通、运输工具

收藏单位:重庆市永川区文物保护管理所(永川博物馆)

名称:**木质人力龙**

时代:**清**

尺寸:**长 150 厘米,宽 102 厘米,高 137 厘米**

普查类别:**交通、运输工具**

收藏单位:**重庆警察博物馆**

名称:**木枷**

时代:清

尺寸:长68厘米,宽46厘米,高2.5厘米

普查类别:其他

收藏单位:重庆警察博物馆

名称:**1914 年南纪门五福荣糟房酒票**

时代:中华民国

尺寸:长 24 厘米,宽 22 厘米

普查类别:票据

收藏单位:重庆湖广会馆实业发展有限公司

从五四运动到大革命时期

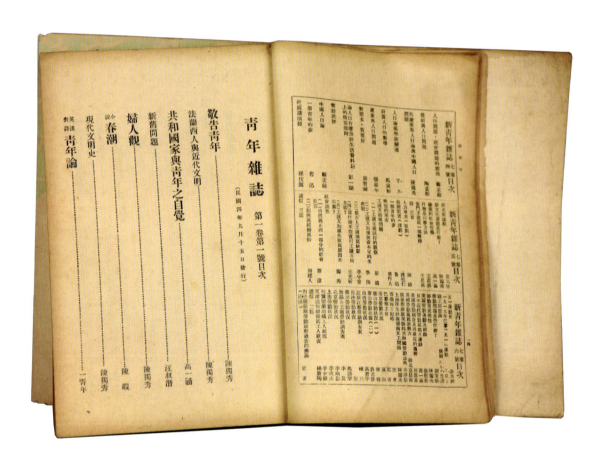

名称:《新青年》第 1 卷 1 号

时代:中华民国

尺寸:长 24.9 厘米,宽 17.4 厘米

普查类别:文件、宣传品

收藏单位:重庆中国三峡博物馆

名称:1919 年富文书局印行的铅印本《学生救国全史》

时代:中华民国

尺寸:长 22.4 厘米,宽 15 厘米,厚 2 厘米

普查类别:古籍图书

收藏单位:重庆红岩革命历史博物馆

夔府唐克明請聯名電巴黎和會中代表力爭青島并贊助京學

界鋤賣國禍根電文

均鑒青島賣國問題曹章實為罪魁北京學生界本良心之義

判樹玫擊之先聲義憤熱悅普海同欽克明前經通電各處靖一

致為異儆儆以仲氏氣乃剌關北京政府對於此舉不知藉民氣以

要求威强事退柳力加摧殘一任日人之電無忌憚求所大欲而歐

洲和會近永有完全承認日人妻求之消息慌慌果成為事實則利

益的霈章關先剏屋狼琢嘯以分玉至吾輩靖法靖國為多事

莫務靳讓公共仰義憤繼唐爐兩總代表電請巴黎和會、

我國鋭代表抵死力爭不稍退讓寧為玉碎勿為瓦全寧侯速發

而福小勿使遲發而禍大至曹章諸賣國賊甘為奴僕非我

族類艺壁同心協力贊助京學界鋤兹異種以除禍根情迫氣

喫言盡於斯驪騷庵伏候大教唐克明叩

名称:1919 年夔府唐克明请联名电巴黎和会中方代表电文

时代:中华民国

尺寸:长 27 厘米,宽 27 厘米

普查类别:档案文书

收藏单位:重庆中国三峡博物馆

萬縣學生救國會宣言

慨自青島交涉失敗群起挽救以來學生罷課商
民罷市工人罷工日有所聞而亦詢救國宣言書夷集
拳拳候議其文皆賈生之痛哭失陸之忠憤凡有血
氣莫不髮指獨吾邑士夫雖以中旺渭習之不知然
滅氣三人團體莫不敢為此張皇標榜梅飾耳目之
事蓋以文字之不可退敵固不足為吾父老答也吾士
林中人自返以修齊道德增進知識竟敢亡之二法
得然不有形之武之敢彰嘉員精神之團結愛慕起亦
重救唯會督宣處京滬廣為游演象即白話迥激以挾
判目實老八事辦法顧亭林云天下興亡匹夫有責此
次外交失敗努力持護隱咕戚心則消滅待以挾
以齊走呼號生死帯烟者乃吾民疾盡天職音辨耶
充愛內未敢前驅警為恐張伏願同人德激德州
再接再屬忽以政府之專橫而瀝乃心知以社會之峰靜
而餒乃氣積極進行龍盒延顧瞰不能瞞平三萬連存
美滿之目的然誠能黙華柔棠樸永不使洋貨典顧

名称：**1919年五四运动万县学生救国会宣言**

时代：中华民国

尺寸：长33厘米，宽24.2厘米

普查类别：文件、宣传品

收藏单位：重庆中国三峡博物馆

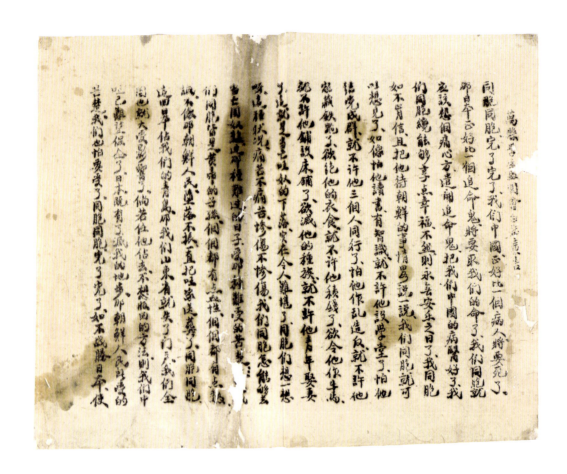

名称:万县学生救国会白话广告

时代:中华民国

尺寸:长 31.7 厘米,宽 25.2 厘米

普查类别:文件、宣传品

收藏单位:重庆中国三峡博物馆

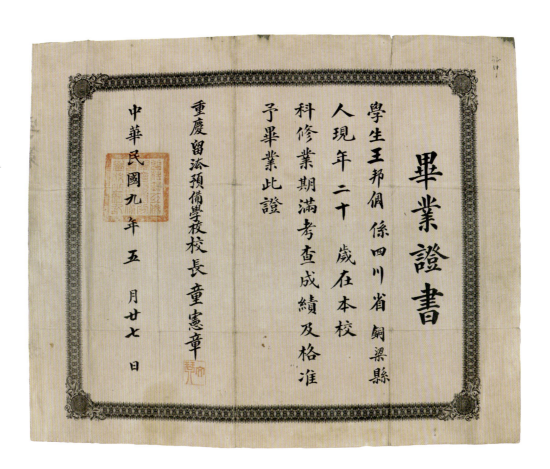

名称：1920 年 5 月 27 日铜梁王邦侗的重庆留法预备学校的毕业证书

时代：中华民国

尺寸：长 38.5 厘米，宽 30.8 厘米

普查类别：档案文书

收藏单位：重庆中国三峡博物馆

名称:**中华民国王邦倜在法国的毕业证书**

时代:中华民国

尺寸:长 38.5 厘米,宽 30.8 厘米

普查类别:档案文书

收藏单位:重庆中国三峡博物馆

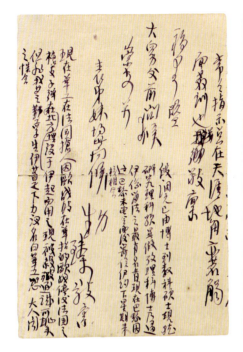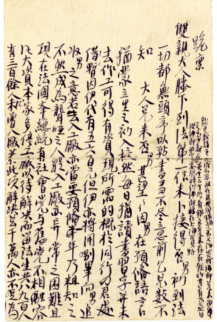

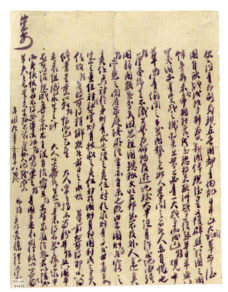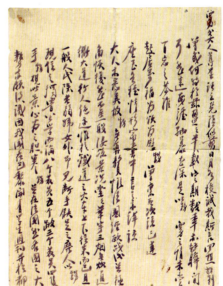

名称:**聂荣臻留法勤工俭学家书一组**

时代:中华民国

尺寸:第一封长 22.7 厘米,宽 16.9 厘米;第二封长 27.3 厘米,宽 21.5 厘米

普查类别:名人遗物

收藏单位:重庆中国三峡博物馆

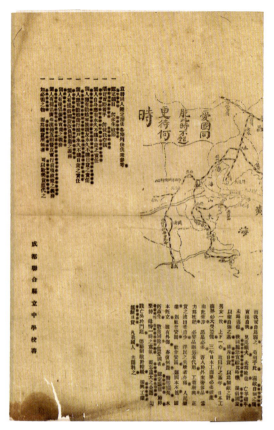
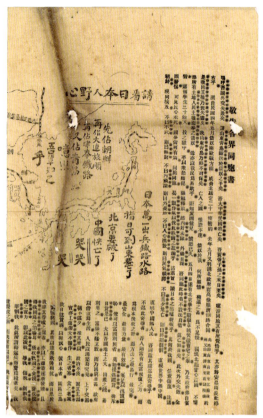

名称:成都联合县立中学校敬告各界同胞书

时代:中华民国

尺寸:长50厘米,宽40厘米

普查类别:文件、宣传品

收藏单位:重庆中国三峡博物馆

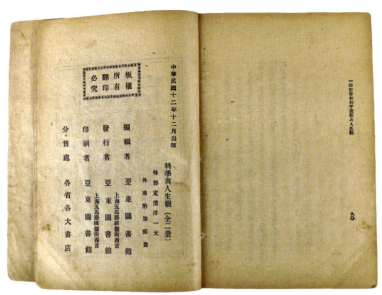

名称：1923 年上海亚东图书馆出版张君劢、丁文江等著内题"此萧楚女烈士遗书　刘子谷拜识"的《科学与人生观》

时代：中华民国

尺寸：长 18.2 厘米，宽 12.7 厘米

普查类别：古籍图书

收藏单位：重庆中国三峡博物馆

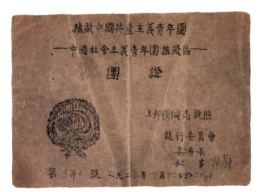

名称:**1925 年旅欧中国共产主义青年团团证**

时代:中华民国

尺寸:长 11.7 厘米,宽 8.2 厘米

普查类别:档案文书

收藏单位:重庆中国三峡博物馆

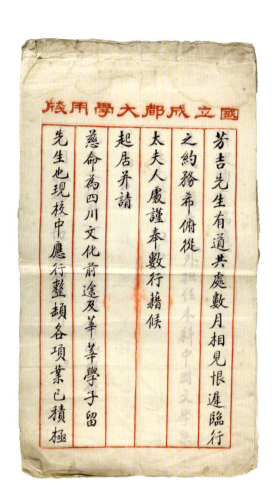

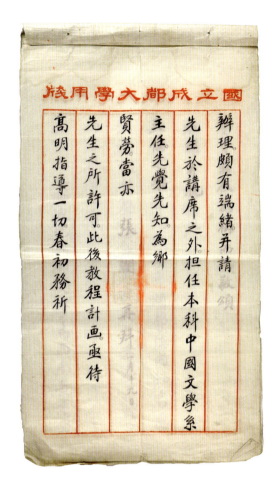

芳吉先生有道共處數月相見恨遲臨行

之約務希俯從外擔任本科中國文學系

太夫人處謹奉數行藉候

起居并請

慈命為四川文化前途及莘莘學子留

先生也現校中應行整頓各項業已積極

辦理頗有端緒并請敬頌

先生於講席之外擔任本科中國文學系

主任先覺先知為鄉

賢勞當亦 張

先生之所許可此後教程計畫巫待

高明指導一切春初務祈

名称:**张澜给吴芳吉的书信**

时代:中华民国

尺寸:长 52 厘米,宽 24 厘米

普查类别:名人遗物

收藏单位:重庆中国三峡博物馆

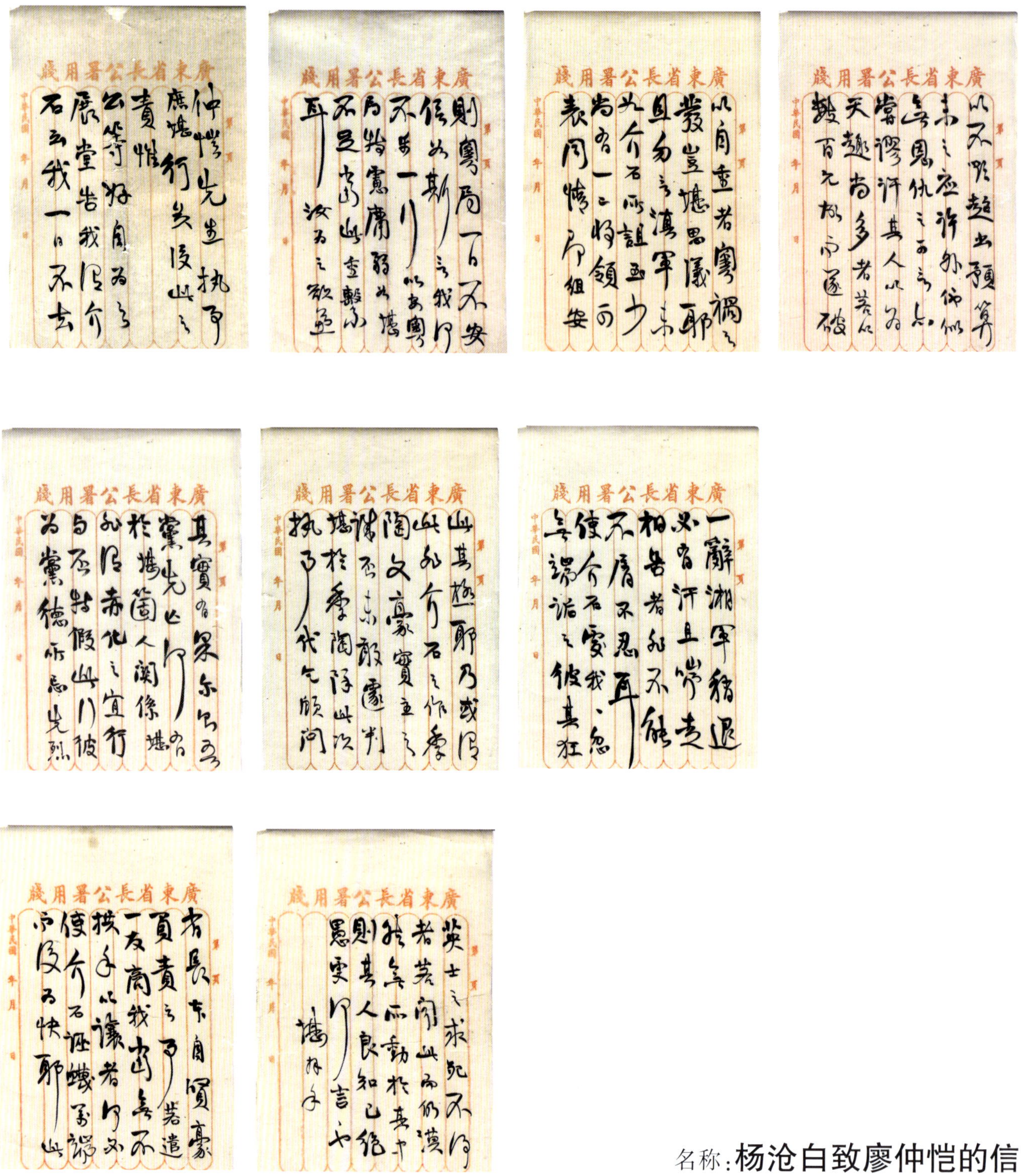

名称:**杨沧白致廖仲恺的信**

时代:中华民国

尺寸:长 28 厘米,宽 20 厘米

普查类别:名人遗物

收藏单位:重庆中国三峡博物馆

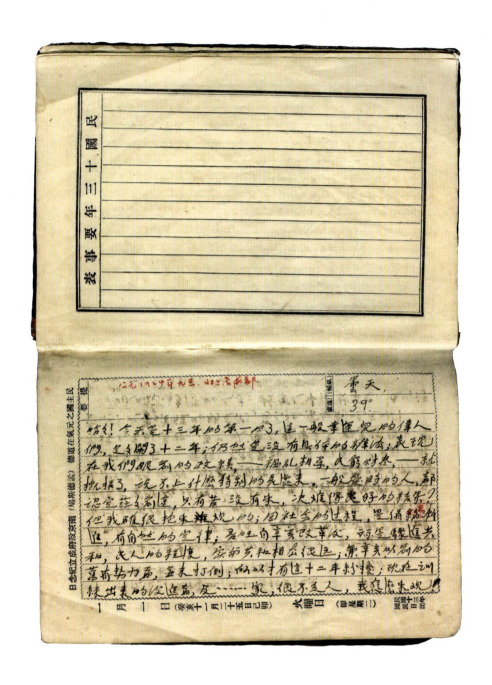

名称:**1924 年—1926 年杨闇公日记**

时代:中华民国

尺寸:长 19 厘米,宽 13 厘米

普查类别:名人遗物

收藏单位:重庆中国三峡博物馆

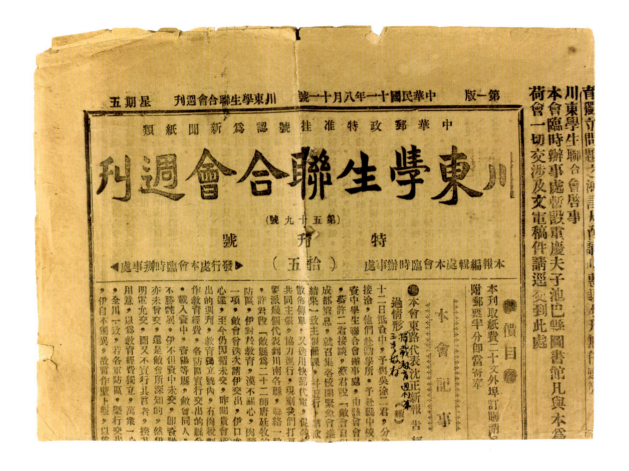

名称：1922 年 8 月《川东学生联合会周刊》

时代：中华民国

尺寸：长 39.2 厘米，宽 55 厘米

普查类别：文件、宣传品

收藏单位：重庆中国三峡博物馆

名称:1925 年 10 月《川东学生潮》第 1 期

时代:中华民国

尺寸:长 24 厘米,宽 18.5 厘米

普查类别:文件、宣传品

收藏单位:重庆中国三峡博物馆

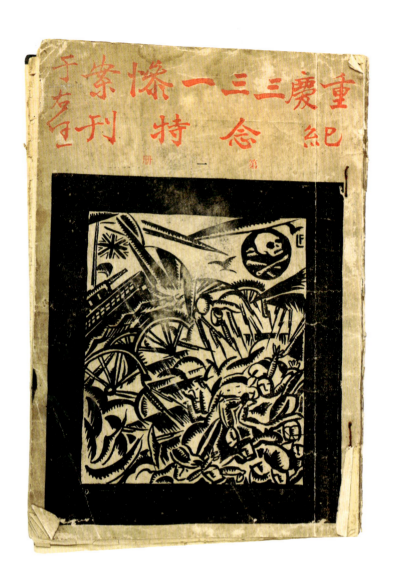

名称:**重庆"三三一惨案"纪念特刊**

时代:中华民国

尺寸:长 25 厘米,宽 17 厘米

普查类别:文件、宣传品

收藏单位:重庆中国三峡博物馆

名称: **重庆"三三一惨案"陈达三烈士铜印盒**

时代: 中华民国

尺寸: 长 4.6 厘米, 宽 2.5 厘米

普查类别: 铜器

收藏单位: 重庆中国三峡博物馆

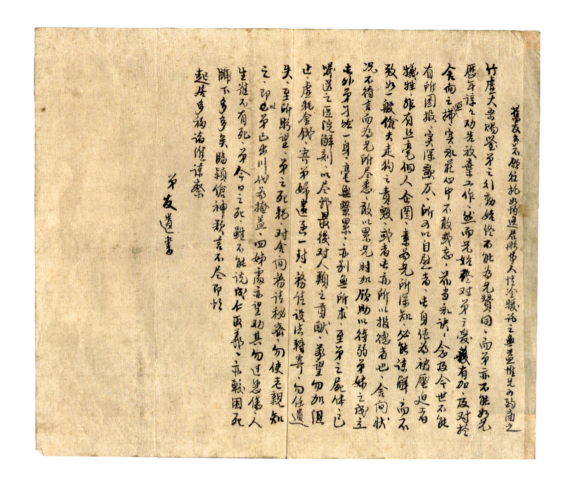

名称:1930 年刘愿庵烈士遗书

时代:中华民国

尺寸:长 29 厘米,宽 24 厘米

普查类别:名人遗物

收藏单位:重庆中国三峡博物馆

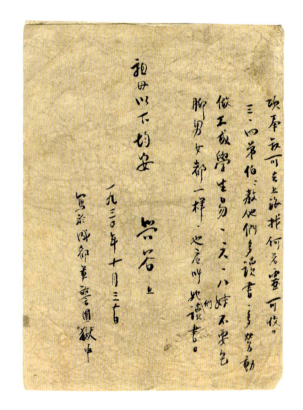

名称：**1930 年梁伯隆烈士遗书**

时代：中华民国

尺寸：长 39.3 厘米，宽 27 厘米

普查类别：名人遗物

收藏单位：重庆中国三峡博物馆

名称:**川江航务管理总处铜质证章**

时代:中华民国

尺寸:直径 3.2 厘米

普查类别:文件、宣传品

收藏单位:重庆中国三峡博物馆

名称:**"民生"3572 号徽章**

时代:中华民国

尺寸:长 4.6 厘米,宽 2.9 厘米

普查类别:文件、宣传品

收藏单位:重庆中国三峡博物馆

名称:**中华民国二十一军行营司令部出入证章**

时代:中华民国

尺寸:长 5.4 厘米,宽 1.7 厘米

普查类别:文件、宣传品

收藏单位:重庆中国三峡博物馆

名称：**1931 年再版的卢作孚著《东北游记》**

时代：中华民国

尺寸：长 17.8 厘米，宽 12.85 厘米

普查类别：古籍图书

收藏单位：重庆中国三峡博物馆

抗日战争时期

名称:1931 年四川各界民众自动收回重庆
王家沱日租界运动大会告民众书

时代:中华民国

尺寸:长 37.2 厘米,宽 28.5 厘米

普查类别:档案文书

收藏单位:重庆中国三峡博物馆

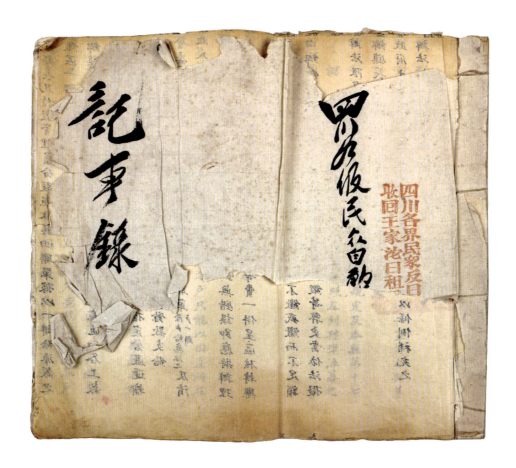

名称:1931 年四川各界民众反日救国大会自动
收回王家沱日租界特组委员会记事录

时代:中华民国

尺寸:长 26 厘米,宽 23.4 厘米

普查类别:文件、宣传品

收藏单位:重庆中国三峡博物馆

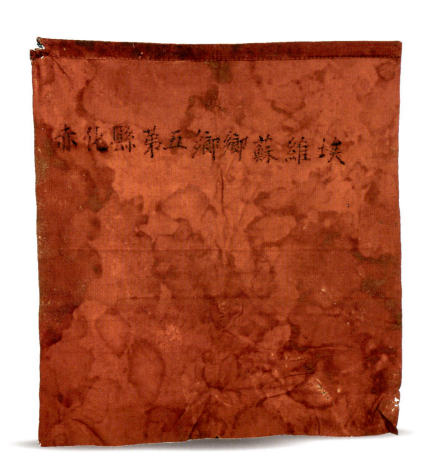

名称:**1933 年川陕革命根据地赤化县
第五乡苏维埃旗帜**

时代:中华民国

尺寸:长 89.5 厘米,宽 86 厘米

普查类别:其他

收藏单位:重庆中国三峡博物馆

名称:**1933 年红军第四方面军反帝标语石刻**

时代:中华民国

尺寸:长 100.8 厘米,宽 63.2 厘米

普查类别:石器、石刻、砖瓦

收藏单位:重庆中国三峡博物馆

名称:1933 年红军第四方面军反帝标语石刻

时代:中华民国

尺寸:长 73.5 厘米,宽 64.5 厘米

普查类别:石器、石刻、砖瓦

收藏单位:重庆中国三峡博物馆

名称:"维护苏维埃政权机关万岁"标语

时代:中华民国

尺寸:长 170.3 厘米,宽 133 厘米,厚 5 厘米

普查类别:文件、宣传品

收藏单位:重庆市城口县文物管理所(川陕苏区城口纪念馆)

名称:**红军行军途中用的碗套**

时代:中华民国

尺寸:直径 10 厘米

普查类别:其他

收藏单位:重庆中国三峡博物馆

今沒收劉人端田谷子十貝分配高才成耕裁
沒收劉達邦田谷子六貝分配劉人魁耕裁
沒收劉達邦田谷子五貝分配劉人点耕裁
沒收劉達邦田谷子五貝分配劉文信耕裁
沒收劉達邦田谷子二十五貝分配劉人正耕裁
沒收劉人端田谷子三貝分配劉文華耕裁
沒收劉人端田谷子五貝分配張有剛耕裁
沒收劉達邦田谷子弍十五貝分配劉人明耕裁
今沒收劉達邦田谷子十五貝分配劉文多耕裁
沒收劉文林田谷子二十貝分配列人滿耕裁
沒收劉文林田谷子二十貝分配列侯仸耕裁
沒收劉達邦田谷子十貝分配列人文耕裁
沒收劉文林田谷子十五貝分配列文明耕裁
沒收劉達邦田谷子十貝分配列人強耕裁
沒收劉人敏田谷子八貝分配列人同耕裁
沒收劉咸雍田谷子二十五貝分配列達庸耕

名称：**1933 年川陕革命根据地贫农团没收豪绅土地分配与穷人表**

时代：中华民国

尺寸：长 24.4 厘米，宽 14.5 厘米

普查类别：档案文书

收藏单位：重庆中国三峡博物馆

名称:**1933 年红军第四方面军刻标语用的铁锤**

时代:中华民国

尺寸:长 14.8 厘米,宽 5 厘米

普查类别:铁器、其他金属器

收藏单位:重庆中国三峡博物馆

名称：1933—1935 年红军使用过的"消灭刘湘"手雷

时代：中华民国

尺寸：长 11 厘米，宽 6.3 厘米

普查类别：武器

收藏单位：重庆市城口县文物管理所(川陕苏区城口纪念馆)

名称:1933—1935 年红军使用过的铁矛

时代:中华民国

尺寸:长 46.5 厘米

普查类别:武器

收藏单位:重庆市城口县文物管理所(川陕苏区城口纪念馆)

名称:**1933—1935 年红军使用的迫击炮弹**

时代:中华民国

尺寸:长 17 厘米,宽 4 厘米

普查类别:武器

收藏单位:重庆市城口县文物管理所(川陕苏区城口纪念馆)

名称:**红军使用过的马灯**

时代:中华民国

尺寸:长 49 厘米,宽 21 厘米

普查类别:其他

收藏单位:重庆市城口县文物管理所(川陕苏区城口纪念馆)

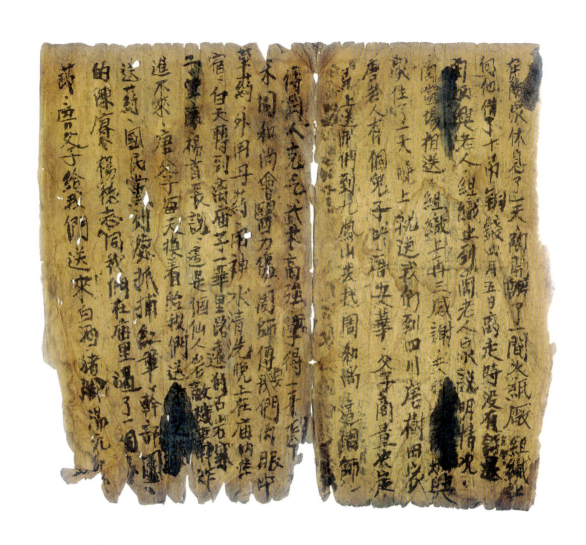

名称：**土城战役红军伤员手迹**

时代：中华民国

尺寸：长 20 厘米，宽 19 厘米

普查类别：档案文书

收藏单位：重庆中国三峡博物馆

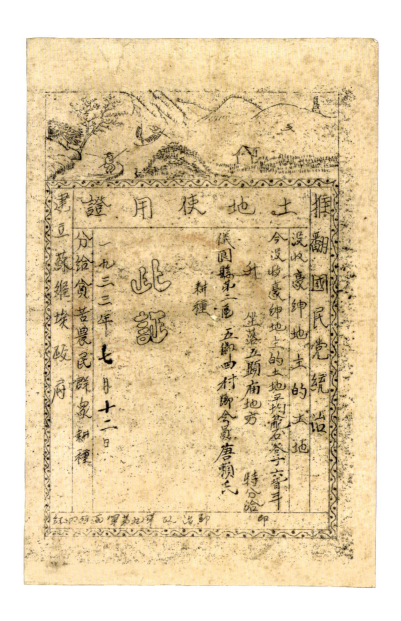

名称:**红军土地使用证**

时代:中华民国

尺寸:长 27 厘米,宽 17.7 厘米

普查类别:档案文书

收藏单位:重庆中国三峡博物馆

名称:**红军长征时遗留下的地图(局部)**

时代:中华民国

尺寸:长13厘米,宽9厘米

普查类别:档案文书

收藏单位:重庆中国三峡博物馆

名称:**中华民国时期刘伯承使用过的牛皮带**

时代:中华民国

尺寸:长 124.5 厘米,宽 2 厘米

普查类别:名人遗物

收藏单位:刘伯承同志纪念馆管理处

名称:**中华民国时期刘伯承使用过的阿米嘎手表**

时代:中华民国

尺寸:长 3.7 厘米,宽 1.9 厘米

普查类别:名人遗物

收藏单位:刘伯承同志纪念馆管理处

名称：**1933 年日军航空兵使用过的
手套、帽子、防毒面具**

时代：中华民国

尺寸：手套通长 32 厘米，通宽 26 厘米；帽子通长 38 厘米，高 26 厘米；防毒面具高 19 厘米

普查类别：武器

收藏单位：重庆中国三峡博物馆

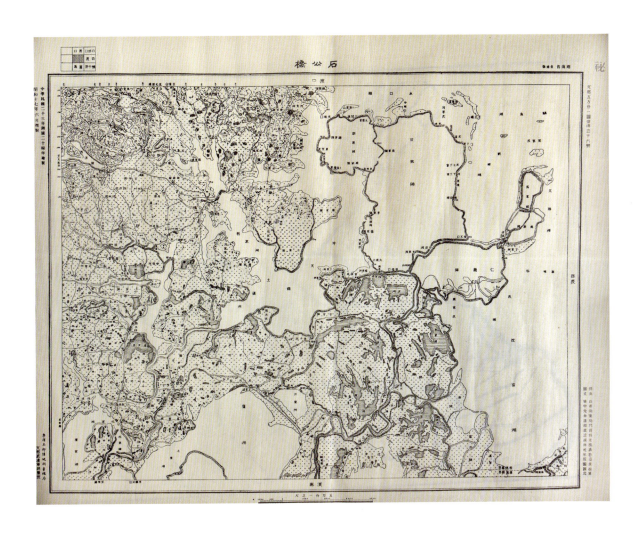

名称:**1942 年侵华日军复制的 1935 年版中国石公桥地图**

时代:中华民国

尺寸:长 58.1 厘米,宽 43.1 厘米

普查类别:档案文书

收藏单位:重庆抗战遗址博物馆

名称: **重庆救国会的同志给杨帆临别题词**

时代: 中华民国

尺寸: 长 18.2 厘米, 宽 12.5 厘米

普查类别: 名人遗物

收藏单位: 重庆中国三峡博物馆

名称:**西安学生救国联合会赠送给杨虎城的出国纪念锦旗**

时代:中华民国

尺寸:长 113 厘米,宽 73 厘米

普查类别:名人遗物

收藏单位:重庆红岩革命历史博物馆

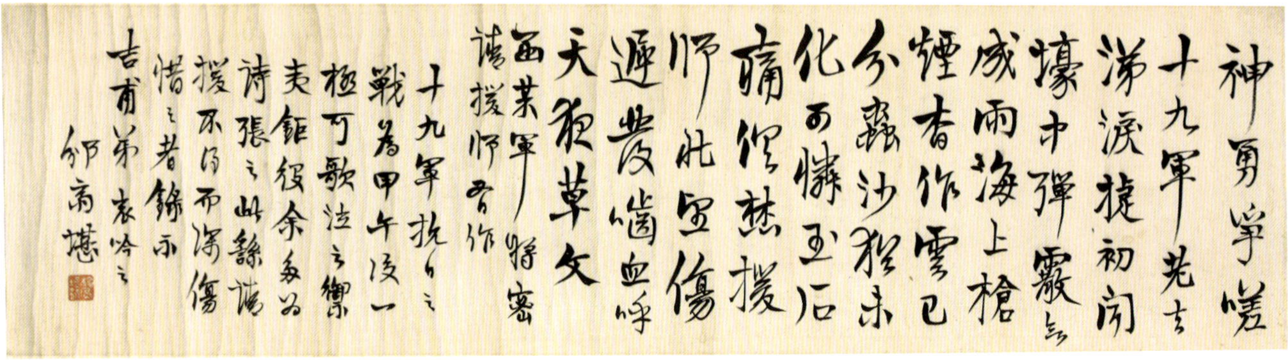

名称：**1932 年杨庶堪咏淞泸抗战**

时代：中华民国

尺寸：长 124 厘米，宽 32.2 厘米

普查类别：名人遗物

收藏单位：重庆中国三峡博物馆

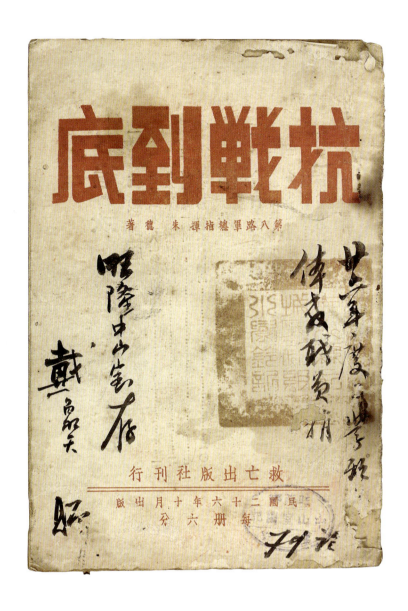

名称:**1937 年第八路军总指挥部朱德著《抗战到底》**

时代:中华民国

尺寸:长 18.2 厘米,宽 12.6 厘米

普查类别:古籍图书

收藏单位:重庆中国三峡博物馆

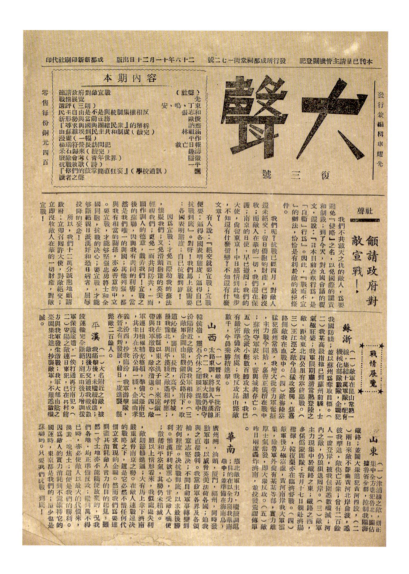

名称:1937 年车耀先编辑《大声》

时代:中华民国

尺寸:长 26 厘米,宽 18.8 厘米

普查类别:文件、宣传品

收藏单位:重庆中国三峡博物馆

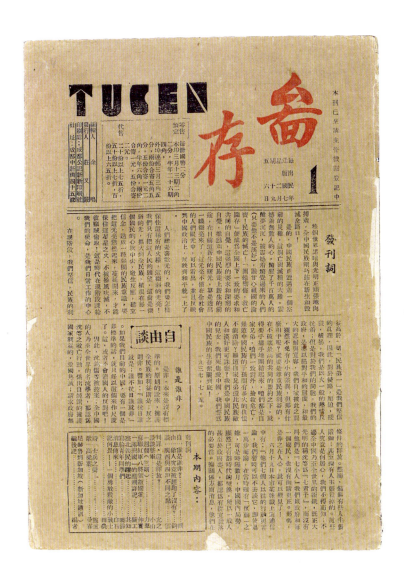

名称：1937 年车耀先创办、余鸣编辑的《图存》周刊第 1 期

时代：中华民国

尺寸：长 26.2 厘米，宽 18.6 厘米

普查类别：文件、宣传品

收藏单位：重庆红岩革命历史博物馆

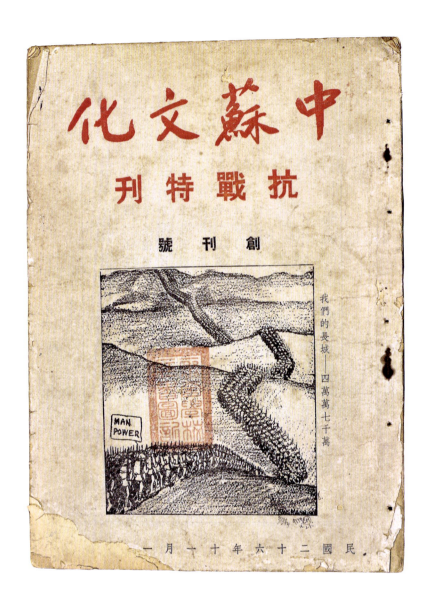

名称:**1937 年出版的铅印本《中苏文化》抗战特刊创刊号**

时代:中华民国

尺寸:长 25.7 厘米,宽 18.8 厘米

普查类别:文件、宣传品

收藏单位:重庆红岩革命历史博物馆

名称:1937 年《中苏文化》(苏联十月革命二十周年纪念特刊)

时代:中华民国

尺寸:长 35.5 厘米,宽 26.3 厘米

普查类别:文件、宣传品

收藏单位:重庆中国三峡博物馆

名称:1937 年上海自力出版社发行的《抗日的第八路军》

时代:中华民国

尺寸:长 17 厘米,宽 12.2 厘米

普查类别:古籍图书

收藏单位:重庆中国三峡博物馆

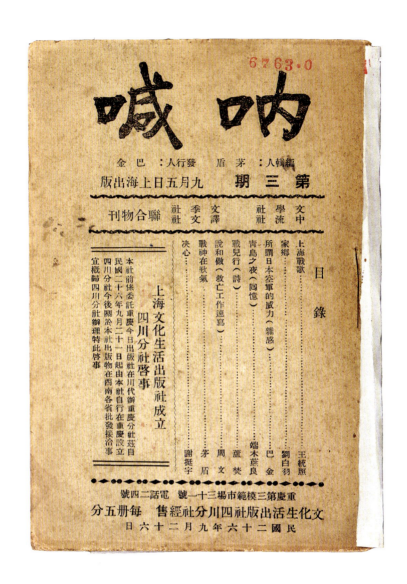

名称:1937 年茅盾主编的铅印本《呐喊》第 3 期

时代:中华民国

尺寸:长 18.5 厘米,宽 13 厘米

普查类别:古籍图书

收藏单位:重庆红岩革命历史博物馆

名称:1938年抗日路线社出版的《抗日路线》第1卷第1期

时代:中华民国

尺寸:长18.6厘米,宽26厘米

普查类别:文件、宣传品

收藏单位:重庆中国三峡博物馆

纪念七七的意义

中国妇女慰劳自卫抗战将士会成都分会
中国战时儿童保育会成都分会 发

朱若华

七七这悲惨而又光荣的日子到现在已整整的一週年了！在去年的今天，我英勇的二十九军将士们在宛平的芦溝桥头燃烧起了抗战的烽火，猛烈光明地鲜艳地灿烂着整个战火光明地鲜艳地灿烂着整个国土，整个国家民族！久已衰老了，惟悴了的国魂，在这火光中，鲜血里，突然地诞生起来，随着战争的开展，一天天的走上健全道路。

抗战已整整的一年了，在这一年中，我们曾经失去了文化中心的北平，经济中心的上海，同时在前线和後方难然然伤亡了几城市村镇，同时在前线和後方难然然伤亡了几十万军民，很失了无数的财産资产，可是我们的人民越打越团结，我们的国力越打越坚强，我们遗有世界上四分之一的土地，六分之一的人口。还有无穷的精神上和物质上的富源和實

七七是我们民族历史上最光荣的一日，是我们在帝国主义壓迫之下，开始抬起头来做人的一日，同时也是抗战建国的第一日！那末，我们抗战建国的基础已经相当的坚定了，那就是我全国同胞伟大的决心和信心。什么方法取得了这样的呢？是抗战——是一年来血肉的抗战。无穷的勇敢的灵魂，我们今天已中华民族大家一致的起来实行这个纲领，我们就要中国灵魂的薬剂，决不能将它做作废纸條文

七七这悲惨而又光荣的，生死荣交藏。几个都市的丧失和几十万军民的死傷，不但不能動搖我们抗战的决心，反而在三期抗战，保卫大武汉的时候，造成我们全国上下更坚实的团结，使我们匯合更多的人力物力，共同推動這像大的抗战建国的大業，到更進一步的阶段。

纪念我们民族悲惨而又光荣的，生死荣交替日。

在敵人的轟炸残害之下來纪念七七，我们要使它成為建设自由独立幸福的新中国的日子，在前线的将士們，當有更英勇的更優秀的战鬥，而在後方的應該更加赤心地為共濟，站在自己的崗位上，切實的動員民衆，组織民衆，调練民衆，總動員的實出錢，有力出力，有物出物。

抗战一年中，無疑地，我们最其贈的救亡就是抗战鬥的成績，也是無疑的，我们就要血腥战鬥的成績，要發揚光大这一年來中華民族大家一致的起來實行这個纲領，那光是充實新

名称：1938 年《纪念七七抗战建国特刊》

时代：中华民国

尺寸：长 27.2 厘米，宽 19.6 厘米

普查类别：文件、宣传品

收藏单位：重庆中国三峡博物馆

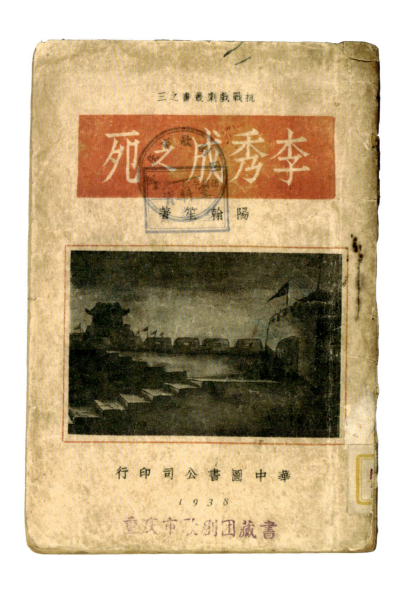

名称：**1938 年阳翰笙著《李秀成之死》**

时代：中华民国

尺寸：长 18 厘米，宽 12.8 厘米

普查类别：古籍图书

收藏单位：重庆中国三峡博物馆

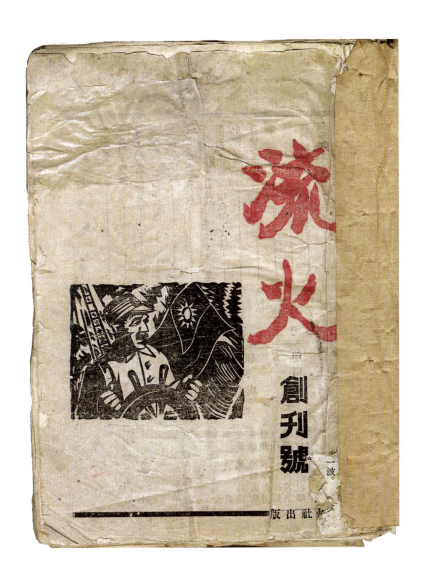

名称:**1938 年《流火》创刊号**

时代:中华民国

尺寸:长 26 厘米,宽 19.5 厘米

普查类别:文件、宣传品

收藏单位:重庆中国三峡博物馆

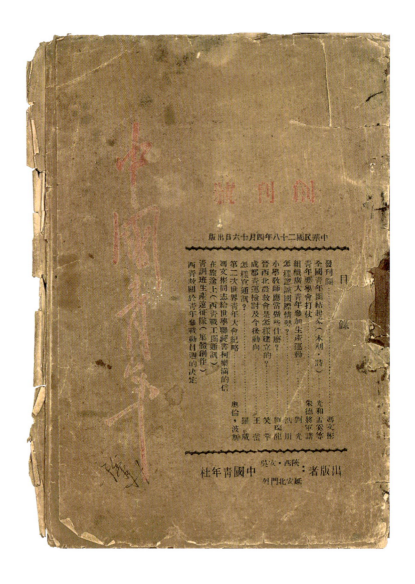

名称:1939年《中国青年》创刊号

时代:中华民国

尺寸:长20.5厘米,宽15厘米

普查类别:文件、宣传品

收藏单位:重庆中国三峡博物馆

名称：1939 年第 69 号《全民抗战》刊载邹韬奋《战时首都被敌狂炸后怎样》全文

时代：中华民国

尺寸：长 25 厘米，宽 18.5 厘米

普查类别：文件、宣传品

收藏单位：重庆中国三峡博物馆

名称:**1940 年群众周刊社编辑的铅印本《群众》第 5 卷第 1 期**

时代:中华民国

尺寸:长 25.5 厘米,宽 18.3 厘米

普查类别:文件、宣传品

收藏单位:重庆红岩革命历史博物馆

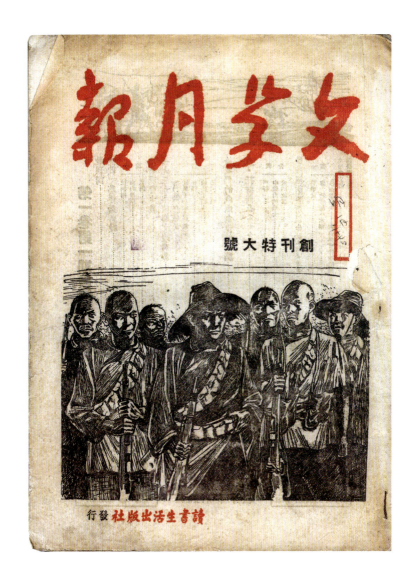

名称:1940 年《文学月报》创刊特大号

时代:中华民国

尺寸:长 26 厘米,宽 18.5 厘米

普查类别:文件、宣传品

收藏单位:重庆中国三峡博物馆

名称:**1941 年老舍著《大地龙蛇》**

时代:中华民国

尺寸:长 18.2 厘米,宽 12.5 厘米

普查类别:古籍图书

收藏单位:重庆市北碚区博物馆(文物管理所)

名称:**1942 年老舍著《剑北篇》**

时代:中华民国

尺寸:长 18.5 厘米,宽 13 厘米

普查类别:古籍图书

收藏单位:重庆市北碚区博物馆(文物管理所)

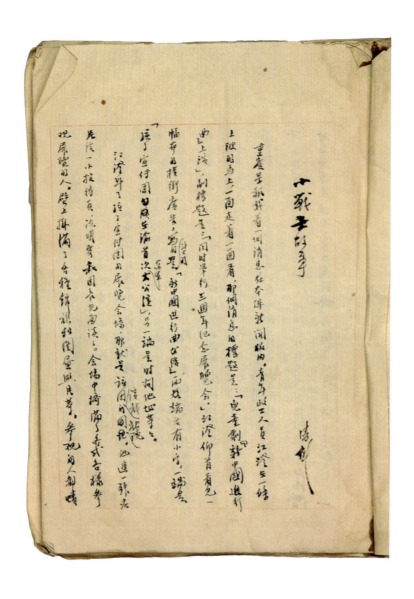

名称：1941 年石凌鹤《小战士故事》手稿

时代：中华民国

尺寸：长 29 厘米，宽 20.7 厘米

普查类别：名人遗物

收藏单位：重庆中国三峡博物馆

名称:**石凌鹤著《黑地狱》**

时代:中华民国

尺寸:长 18.6 厘米,宽 13 厘米

普查类别:古籍图书

收藏单位:重庆中国三峡博物馆

名称：**1941 年抗建堂公演《北京人》海报**

时代：中华民国

尺寸：长 38.5 厘米，宽 17 厘米

普查类别：文件、宣传品

收藏单位：重庆中国三峡博物馆

名称:**1941 年汪刃峰木刻版画——赶场(原版)**

时代:中华民国

尺寸:长 76.5 厘米,宽 23 厘米

普查类别:书法、绘画

收藏单位:重庆中国三峡博物馆

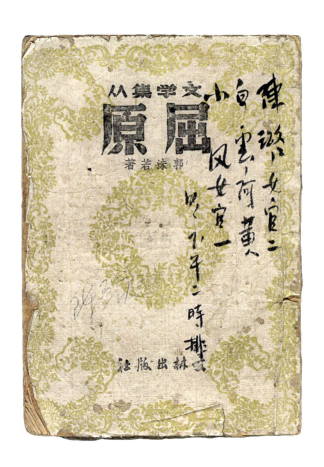

名称:**1942 年郭沫若在重庆写的话剧《屈原》剧本**

时代:中华民国

尺寸:长 18 厘米,宽 12.8 厘米

普查类别:文件、宣传品

收藏单位:重庆中国三峡博物馆

名称:**中华民国时期《屈原》演出海报**

时代:中华民国

尺寸:长 34 厘米,宽 26.3 厘米

普查类别:文件、宣传品

收藏单位:重庆中国三峡博物馆

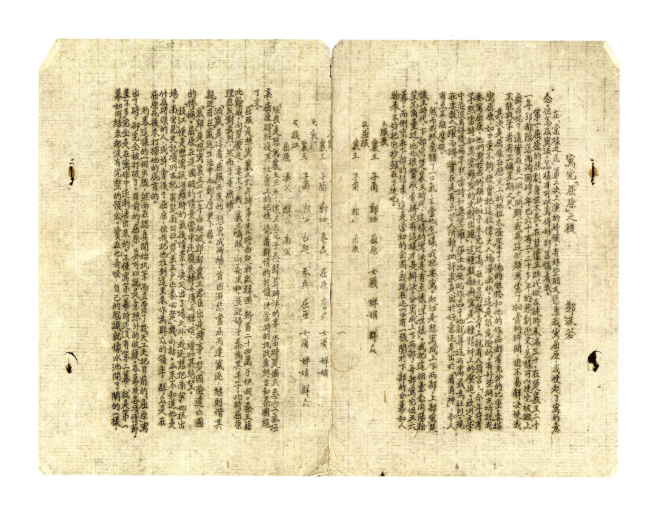

名称:1942 年郭沫若撰《写完〈屈原〉之后》

时代:中华民国

尺寸:长 26.6 厘米,宽 18.8 厘米

普查类别:文件、宣传品

收藏单位:重庆中国三峡博物馆

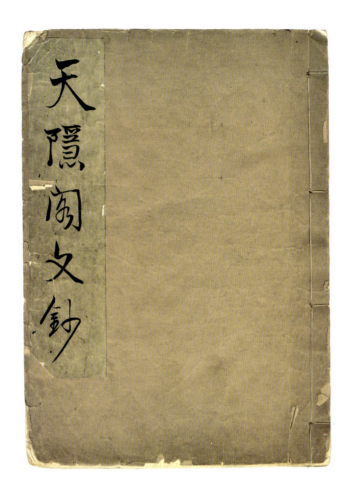

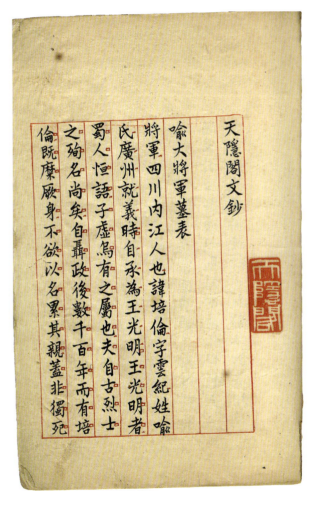

名称:**中华民国杨沧白《天隐阁文抄》手稿**

时代:中华民国

尺寸:长 28 厘米,宽 20 厘米

普查类别:名人遗物

收藏单位:重庆中国三峡博物馆

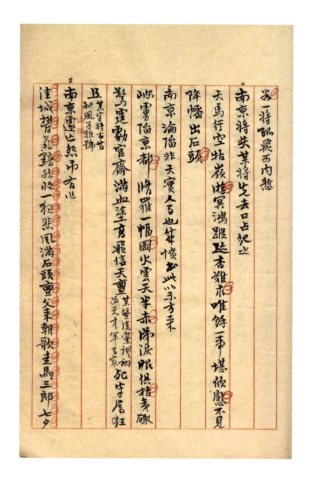
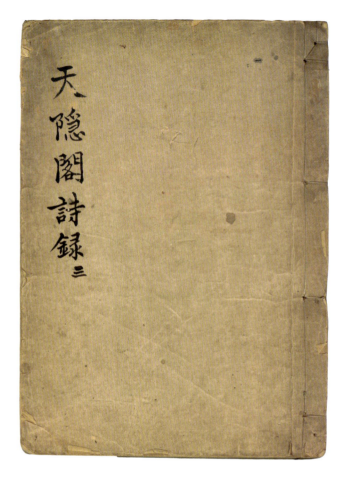

名称:中华民国杨沧白《天隐阁诗录》手稿

时代:中华民国

尺寸:长 28 厘米,宽 20 厘米

普查类别:名人遗物

收藏单位:重庆中国三峡博物馆

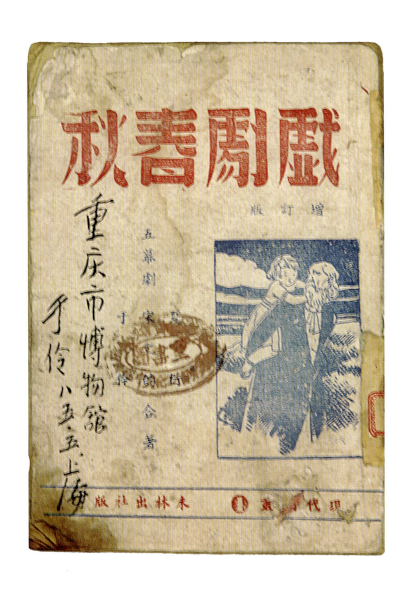

名称：1944 年 5 月增订版夏衍、宋之的、于伶合著《戏剧春秋》

时代：中华民国

尺寸：长 18.3 厘米，宽 13.1 厘米

普查类别：古籍图书

收藏单位：重庆中国三峡博物馆

名称:1944年中华全国文艺界抗敌协会主编的
铅印本《抗战文艺》第9卷第5、6期

时代:中华民国

尺寸:长25.7厘米,宽18厘米

普查类别:文件、宣传品

收藏单位:重庆红岩革命历史博物馆

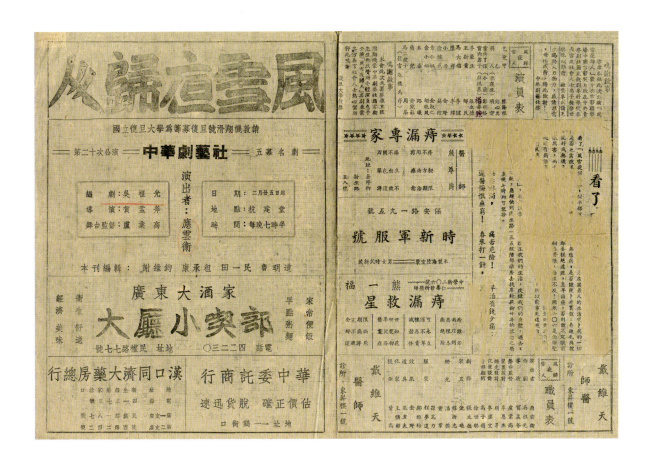

名称：1945 年《风雪夜归人》演出广告

时代：中华民国

尺寸：长 39.1 厘米，宽 26.8 厘米

普查类别：文件、宣传品

收藏单位：重庆中国三峡博物馆

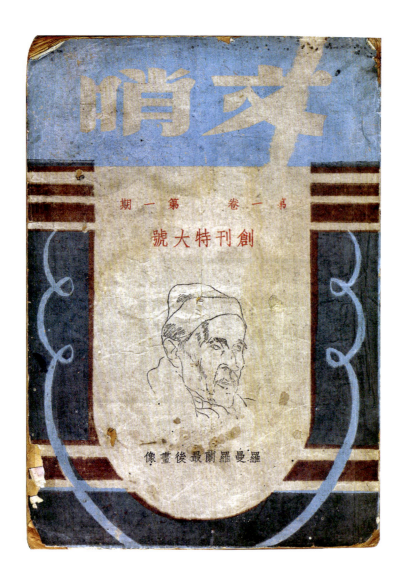

名称:1945 年《文哨》第 1 卷第 1 期创刊特大号

时代:中华民国

尺寸:长 26.2 厘米,宽 18.5 厘米

普查类别:文件、宣传品

收藏单位:重庆中国三峡博物馆

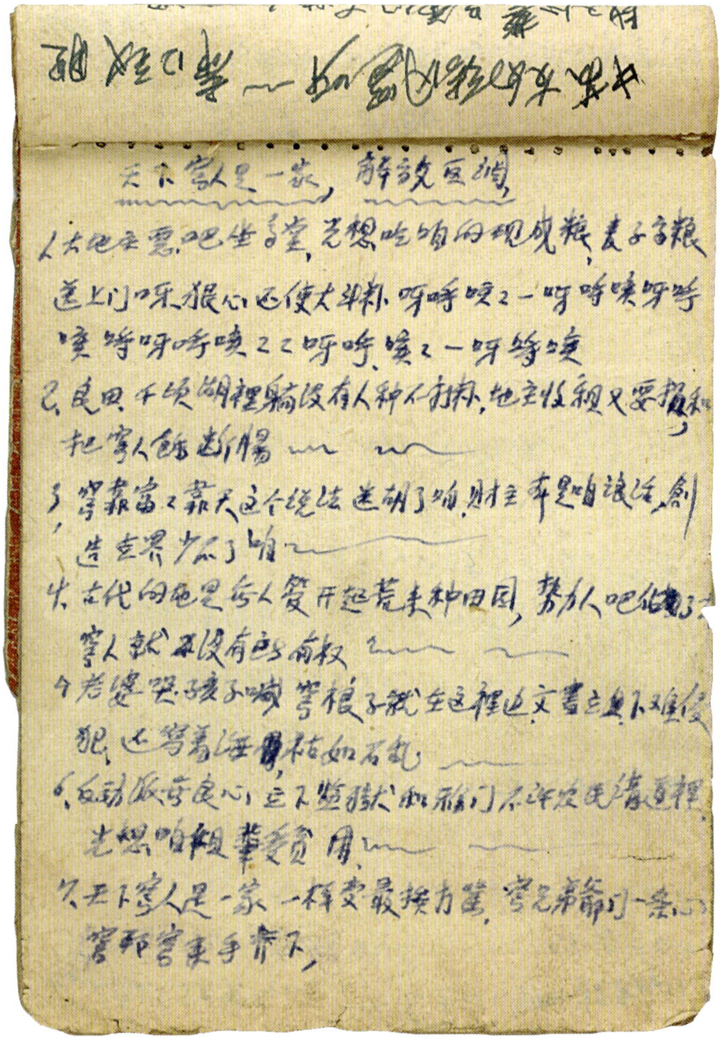

名称：1945 年《抗战歌曲》手抄本

时代：中华民国

尺寸：长 12.7 厘米，宽 9.5 厘米

普查类别：文件、宣传品

收藏单位：重庆中国三峡博物馆

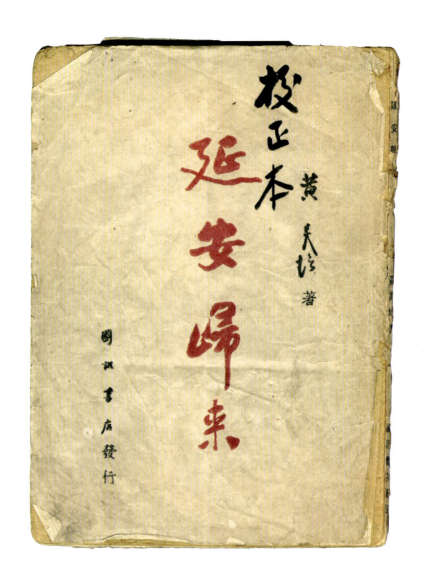

名称:1945 年黄炎培著《延安归来》

时代:中华民国

尺寸:长 16.7 厘米,宽 12.2 厘米

普查类别:古籍图书

收藏单位:重庆中国三峡博物馆

名称:**1936 年用四川善后督办公署章**

时代:中华民国

尺寸:直径 3.4 厘米

普查类别:文件、宣传品

收藏单位:重庆中国三峡博物馆

名称:**1938 年用四川省政府章**

时代:中华民国

尺寸:直径 3.1 厘米

普查类别:文件、宣传品

收藏单位:重庆中国三峡博物馆

名称:**中央党部章**

时代:中华民国

尺寸:直径 3.1 厘米

普查类别:文件、宣传品

收藏单位:重庆中国三峡博物馆

名称:**重庆防空司令部章**

时代:中华民国

尺寸:直径 3.4 厘米

普查类别:文件、宣传品

收藏单位:重庆中国三峡博物馆

名称:**经济部工矿调整处章**

时代:中华民国

尺寸:直径 3.1 厘米

普查类别:文件、宣传品

收藏单位:重庆中国三峡博物馆

名称:**"一九三七负伤流血纪念杀敌忠勇救国抗日"证章**

时代:中华民国

尺寸:直径 3.3 厘米

普查类别:文件、宣传品

收藏单位:重庆抗战遗址博物馆

名称:**张治中赠淞沪抗日纪念章**

时代:中华民国

尺寸:长7厘米,宽4厘米

普查类别:文件、宣传品

收藏单位:重庆中国三峡博物馆

名称:**东北救亡总会章**

时代:中华民国

尺寸:直径3.1厘米

普查类别:文件、宣传品

收藏单位:重庆中国三峡博物馆

名称:**兵工署第二十工厂证章**

时代:中华民国

尺寸:直径2.3厘米

普查类别:文件、宣传品

收藏单位:重庆中国三峡博物馆

名称：**金陵兵工厂工人证章**

时代：中华民国

尺寸：直径 3.1 厘米

普查类别：文件、宣传品

收藏单位：重庆中国三峡博物馆

名称：**铜质国民党空军懋绩乙种奖奖章**

时代：中华民国

尺寸：长 7.9 厘米，宽 4.4 厘米

普查类别：文件、宣传品

收藏单位：重庆抗战遗址博物馆

名称：**铜质第八路军抗战伤员荣誉章**

时代：中华民国

尺寸：直径 4 厘米

普查类别：文件、宣传品

收藏单位：重庆抗战遗址博物馆

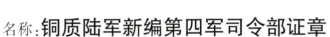

名称:**铜质陆军新编第四军司令部证章**

时代:中华民国

尺寸:长 7.8 厘米,宽 3.8 厘米

普查类别:文件、宣传品

收藏单位:重庆抗战遗址博物馆

名称:**远征军"血染征衣"金属纪念章**

时代:中华民国

尺寸:直径 3 厘米

普查类别:文件、宣传品

收藏单位:重庆抗战遗址博物馆

名称:**银质云麾勋章**

时代:中华民国

尺寸:直径 9 厘米

普查类别:文件、宣传品

收藏单位:重庆抗战遗址博物馆

名称:**铜质美国援华空军卓越飞扬十字勋章**

时代:中华民国

尺寸:长 9.1 厘米,宽 4.3 厘米

普查类别:文件、宣传品

收藏单位:重庆抗战遗址博物馆

名称:**国立中央大学校章**

时代:中华民国

尺寸:宽 3.5 厘米,高 4 厘米

普查类别:文件、宣传品

收藏单位:重庆中国三峡博物馆

名称:**复旦大学校章**

时代:中华民国

尺寸:宽 3.1 厘米,高 3.3 厘米

普查类别:文件、宣传品

收藏单位:重庆中国三峡博物馆

名称:**中国红十字会会员证章**

时代:中华民国

尺寸:直径 3.3 厘米

普查类别:文件、宣传品

收藏单位:重庆中国三峡博物馆

名称:**全国慰劳总会敬赠"忠党卫国"纪念章**

时代:中华民国

尺寸:宽 4.1 厘米,高 4.6 厘米

普查类别:文件、宣传品

收藏单位:重庆中国三峡博物馆

名称:**新生活运动证章**

时代:中华民国

尺寸:宽 3.1 厘米,高 4.2 厘米

普查类别:文件、宣传品

收藏单位:重庆中国三峡博物馆

名称:**重庆市自来水公司售水证**

时代:中华民国

尺寸:直径 3.5 厘米

普查类别:文件、宣传品

收藏单位:重庆中国三峡博物馆

名称:**重庆保甲长临时训练班结业纪念章**

时代:中华民国

尺寸:直径 2.9 厘米

普查类别:文件、宣传品

收藏单位:重庆中国三峡博物馆

名称:**中国滑翔总会证章**

时代:中华民国

尺寸:直径 2.6 厘米

普查类别:文件、宣传品

收藏单位:重庆中国三峡博物馆

名称:**水上防护团章**

时代:中华民国

尺寸:直径 2.9 厘米

普查类别:文件、宣传品

收藏单位:重庆中国三峡博物馆

名称:**中央日报总社证章**

时代:中华民国

尺寸:直径 2.4 厘米

普查类别:文件、宣传品

收藏单位:重庆中国三峡博物馆

名称:**国际新闻社章**

时代:中华民国

尺寸:直径 2.3 厘米

普查类别:文件、宣传品

收藏单位:重庆中国三峡博物馆

名称:**1940 年用军事委员会战地服务团证章**

时代:中华民国

尺寸:直径 3.3 厘米

普查类别:文件、宣传品

收藏单位:重庆中国三峡博物馆

名称:**中国童子军服务员证章**

时代:中华民国

尺寸:直径 2.6 厘米

普查类别:文件、宣传品

收藏单位:重庆中国三峡博物馆

名称:**特派护送西陲宣化使护国宣化广慧大师
班禅额尔德尼回藏专使行署章**

时代:中华民国

尺寸:长 7.1 厘米,宽 2 厘米

普查类别:文件、宣传品

收藏单位:重庆中国三峡博物馆

名称:**铜质"还我河山"章**

时代:中华民国

尺寸:长 8.1 厘米,宽 2.3 厘米

普查类别:文件、宣传品

收藏单位:重庆抗战遗址博物馆

名称:**戏剧节纪念章**

时代:中华民国

尺寸:高 1.4 厘米,宽 2.4 厘米

普查类别:文件、宣传品

收藏单位:重庆中国三峡博物馆

名称:**鲜英印章**

时代:中华民国

尺寸:底长 2.8 厘米,底宽 2.8 厘米,高 7.1 厘米

普查类别:名人遗物

收藏单位:重庆中国三峡博物馆

名称:**宋绮云任《西北文化日报》社长时使用的"易云"图章和印章**

时代:中华民国

尺寸:底长 2 厘米,底宽 1.1 厘米,高 4.3 厘米

普查类别:名人遗物

收藏单位:重庆红岩革命历史博物馆

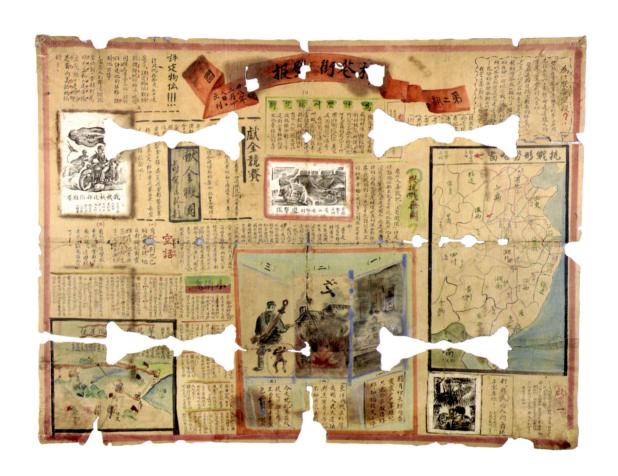

名称:1939 年贴于重庆街头的《棉花街壁报》

时代:中华民国

尺寸:长 107.7 厘米,宽 79.1 厘米

普查类别:文件、宣传品

收藏单位:重庆红岩革命历史博物馆

陪都各界联合会简章草案

一、本会定名为陪都各界联合会

二、本会以加强陪都各团体间之联络并促进民主政治之实现为宗旨

三、凡陪都民众团体赞成本会宗旨提具书面请求经代表大会三分之二以上之通过或理事会四分之三之同意者均得加入本会为会员

四、本会最高权力机关为会员代表大会凡团体会员其会员在一百人以内者得派代表二人，一百人以上二百人以下者得派代表三人，二百人以上三百人以下者得派代表四人，三百人以上者得派代表五人出席代表大会

五、会员代表大会每两月召开一次

六、会员代表大会之职权如左：

　甲、通过会务进行计划

　乙、通过预算决算

　丙、选举理事

七、本会设理事十七人候补理事五人组织理事会主代表大会闭会期间代行代表大会职权但每一团体之理事各额不得超过二人

名称：陪都各界联合会简章草案

时代：中华民国

尺寸：长37厘米，宽28厘米

普查类别：档案文书

收藏单位：重庆中国三峡博物馆

名称:1940 年文工会成立招待会签名轴

时代:中华民国

尺寸:长 178 厘米,宽 72 厘米

普查类别:名人遗物

收藏单位:重庆中国三峡博物馆

如作提案則為加強實行民主以求全國團結而濟時艱案

年來旰衡時勾審度內外覽國際戰事雖勝利可期而國
內政治情形則憂危未已舉其大者言之人才未能集中也
民意未能伸展也黨爭未能消弭也最高當局非不宵
旰勤勞而全國所需之團結反日形失望察其癥結皆
在政治之未能實行民主之故夫有才智賢能原以供國
家之用群策群力乃能興邦現在政府之用人既以一黨
為其範圍尤偏重於特殊關係使國內無數才智賢
能之士皆遺排棄以國家有用之才投置閒散已深可惜
甚或逼之使為我敵豈云得計必須實行民主一本天下

為公之意選賢與能只問才與不才不問黨籍舉全國
之才智賢能共同盡力於國事而後可以挽救危局復興
國家此其一得民必由於得心民之欲意是為民意乃現在一
切民意機關的代表都是由黨部和政府指定民意集於
是只有黨意官意而無民意其組成地方自治鄰里鄉的鄉
鎮保長等職……又有黨治官治
作也方目以法令……
今日之甚者人民痛苦百端不能上達……
……必須實行民主首先廢除言論思想出版的
統制與檢查使人民各本所欲所意對政治可以自由批評討論

名称:**加强实行民主以求全国团结而济时艰案**

时代:中华民国

尺寸:长37厘米,宽28厘米

普查类别:档案文书

收藏单位:重庆中国三峡博物馆

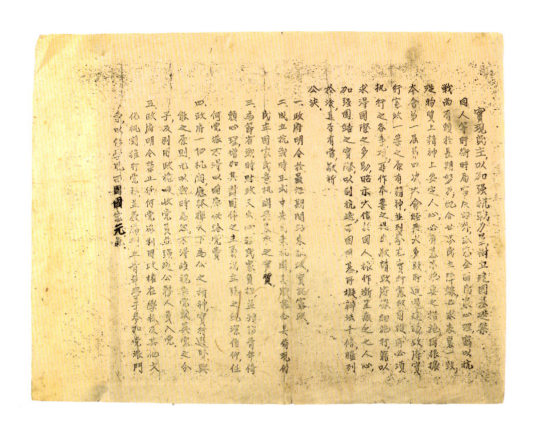

名称:实现民主以加强抗战力量树立建国基础案

时代:中华民国

尺寸:长 38.5 厘米,宽 26.5 厘米

普查类别:档案文书

收藏单位:重庆中国三峡博物馆

一军粮不按产米区域粮食有馀区域强买而无敛收区域不产米区域不问和无一律按倡摊赔人民之痛苦一徵送壮丁全出於强拉狂及老丁之攫子拉及通运之苦力既不依法又不合理不近情入营以後则官长层层剋扣其粮饷虐待不堪言状以致冷饿病死逃亡者不计其数人民之痛苦二新骤科之施行突然增加人民之负担数倍并恐万一一处不起於扰人民之痛苦三主席者四川民界之说是说得很好真可谓良法美意但是法假借美而其好处丝毫没有及於人民人民所受於政府的一样也是痛苦的样也是痛苦三样也是痛苦政府两人民中间已成隔绝现在急须把於及於人民之事以善办法一面即向人民宣传以以善之办法为之解释指导一面即代政府以问人民以安其心而平其气卅年三月向蒋先生面言

名称:张澜向蒋介石陈诉军粮诸问题面言记

时代:中华民国

尺寸:长 12 厘米,宽 7.8 厘米

普查类别:档案文书

收藏单位:重庆中国三峡博物馆

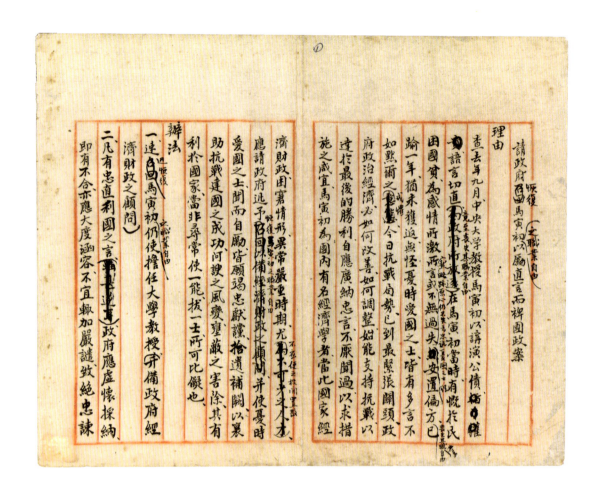

名称:请政府恢复马寅初之职业自由以励直言而裨国政案

时代:中华民国

尺寸:长 35.5 厘米,宽 28 厘米

普查类别:档案文书

收藏单位:重庆中国三峡博物馆

中國民主運動聯盟宣言

抗戰勝利以來，國際國內民主潮流風起雲湧，而予後遇，中國一黨專政局面將澈底革新，於是有今年一月間國政協商會議之召開，陪都各民主團體為促進「政協」之進行於「政協」會議期間特聯絡組織，陪都各界促進政協商會議協進會，從事實踐協之促進，及至會議閉幕為慶祝「政協」之宣告成功，後聯合組織陪都各界慶祝政協協商會議協商成功大會籌備會，並於二月十日舉行慶祝成功大會，徒以國民黨少數頑固份子之破壞，竟致造成二○較場口事件。

查較場口事件至未解決，而本市新華日報，民主報，北平軍方調查執行部，解放報，西安秦風工商日報，廣州華商報，上海北平中山公園，南昌大血案等及民主黨派等行接連為劇烈之南京平解決誠意堂之以協決誠一及停戰之整軍兩方案，又為二中全會與參政會撤毀政達，最近東北戰事大規模進行，史于三大協議以全盤破壞，而州山東南方時搞之事，陪都修有參加慶祝「政協」成功大會等籌備會之各團體，犹深信中國民主運動目前雖遭受挫

名称：**中国民主运动联盟宣言**

时代：中华民国

尺寸：长 37 厘米，宽 29 厘米

普查类别：档案文书

收藏单位：重庆中国三峡博物馆

名称: **1945 年国立西南联合大学全体学生对国是的意见**

时代: 中华民国

尺寸: 长 39 厘米, 宽 28 厘米

普查类别: 档案文书

收藏单位: 重庆中国三峡博物馆

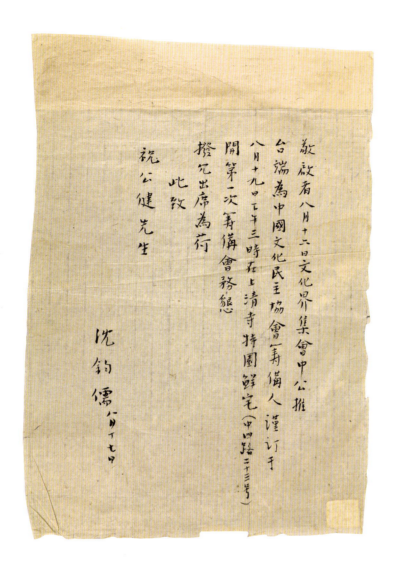

敬启者八月十二日文化界集会中公推

台端为中国文化民主协会筹备人谨订于

八月十九日下午三时在上清寺特园鲜宅（四四路二十三号）

开第一次筹备会务恳

拨冗出席为荷

此致

祝公健先生

沈钧儒 八月十七日

名称:沈钧儒给祝公健的信

时代:中华民国

尺寸:长 26 厘米,宽 18 厘米

普查类别:名人遗物

收藏单位:重庆中国三峡博物馆

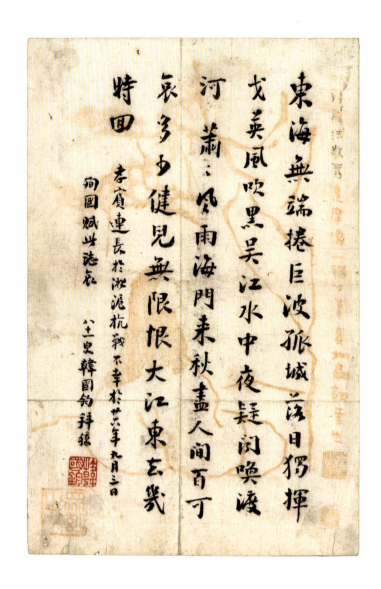

名称:1938 年韩国钧为吴孝宾烈士书写的挽词

时代:中华民国

尺寸:长 25.7 厘米,宽 16.8 厘米

普查类别:名人遗物

收藏单位:重庆中国三峡博物馆

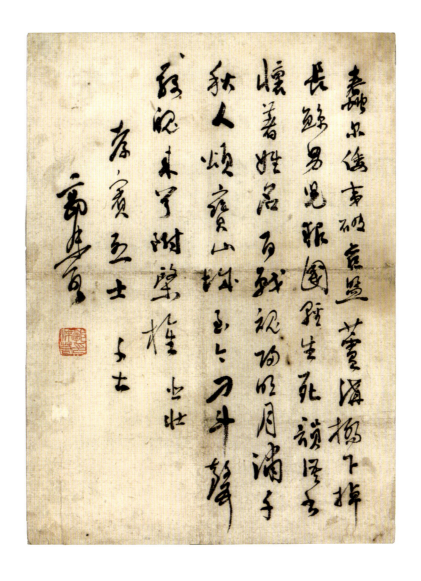

名称：**1938 年郭沫若为吴孝宾烈士书写的挽词**

时代：中华民国

尺寸：长 27.9 厘米，宽 20.4 厘米

普查类别：名人遗物

收藏单位：重庆中国三峡博物馆

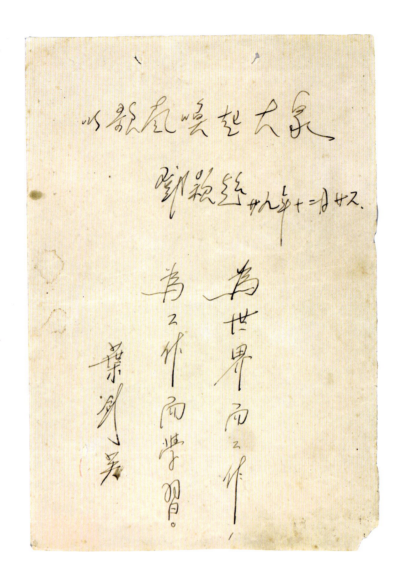

名称:1940 年邓颖超、叶剑英题词

时代:中华民国

尺寸:长 19.5 厘米,宽 13.5 厘米

普查类别:名人遗物

收藏单位:重庆中国三峡博物馆

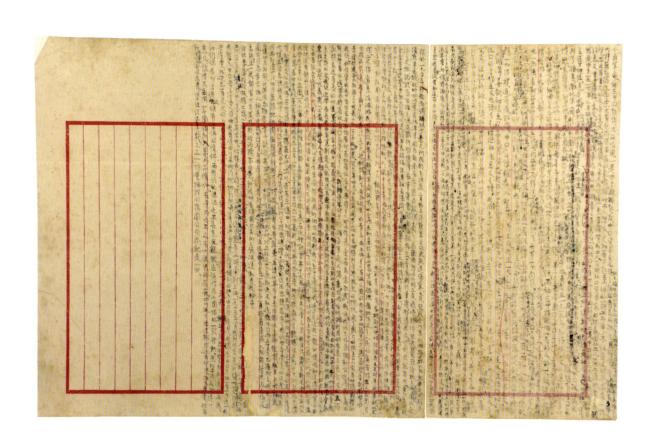

名称:1940 年吴玉章《玉章在六十庆祝大会上之自述》手稿

时代:中华民国

尺寸:长 61.7 厘米,宽 24.6 厘米

普查类别:名人遗物

收藏单位:重庆红岩革命历史博物馆

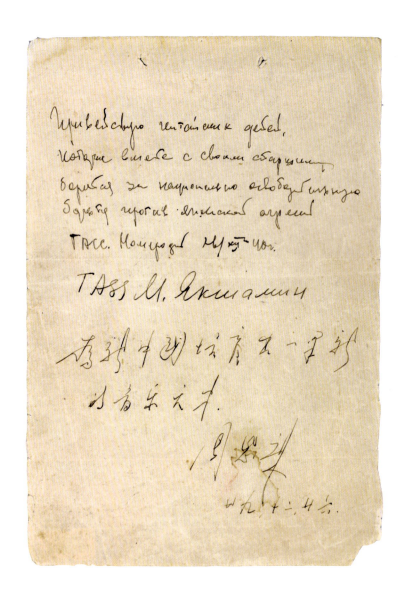

名称:1940 年 12 月 26 日周恩来和塔斯社 M .雅克沙明为育才学校音乐组成员的题词

时代:中华民国

尺寸:长 20 厘米,宽 13.5 厘米

普查类别:名人遗物

收藏单位:重庆中国三峡博物馆

Ваши песни
оставили самые
отрадные впечатле-
ние. Ваши песни
очень полезны для
борьбы Великого
китайского народа в
его борьбе за свою
свободу и счастье.
Желаю Вам
успеха в Вашей твор-
ческой работе.
С. Андреев.
28/XII-1940г.

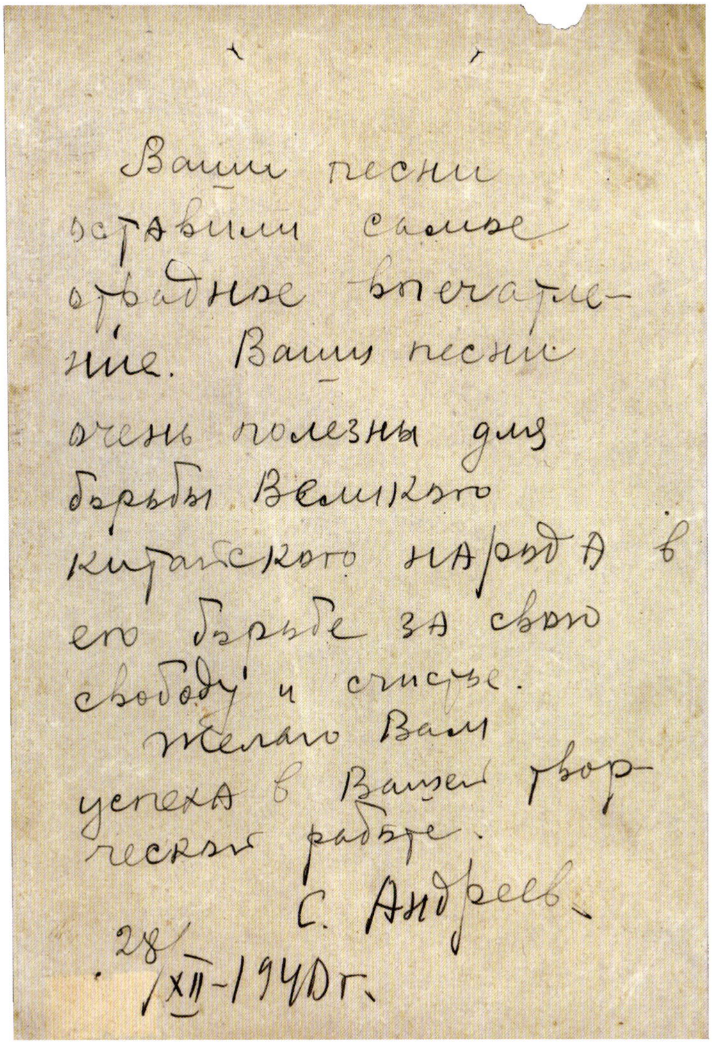

名称：1940 年苏联友人 C.安德烈耶夫的题词

时代：中华民国

尺寸：长 19.5 厘米，宽 13.5 厘米

普查类别：名人遗物

收藏单位：重庆中国三峡博物馆

名称:**宋庆龄给王安娜的信**

时代:中华民国

尺寸:长 25 厘米,宽 18 厘米

普查类别:名人遗物

收藏单位:重庆中国三峡博物馆

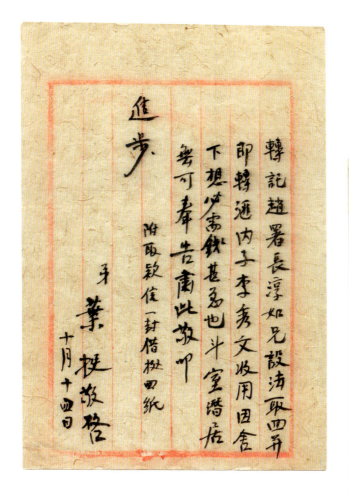

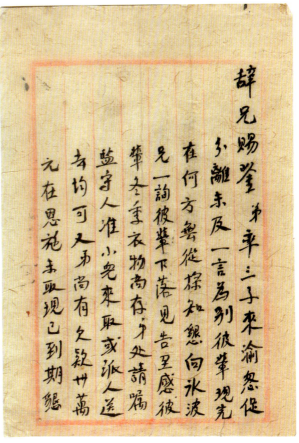

名称：**1941 年皖南事变后叶挺致陈诚书信**

时代：中华民国

尺寸：长 24 厘米，宽 17 厘米

普查类别：名人遗物

收藏单位：重庆中国三峡博物馆

名称:**1941 年皖南事变后港澳同胞为新四军缝制的"百幅"**

时代:中华民国

尺寸:长 176 厘米,宽 133 厘米

普查类别:其他

收藏单位:重庆中国三峡博物馆

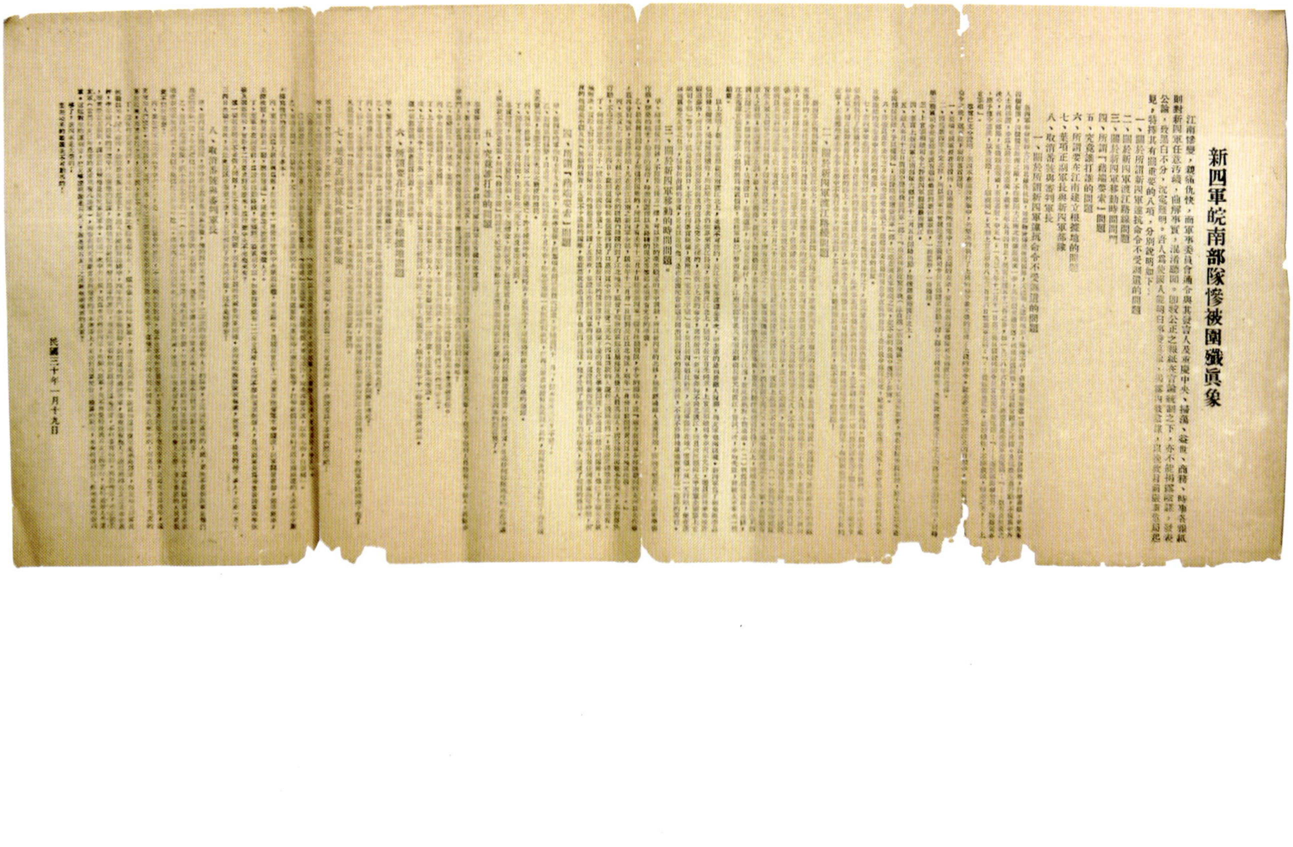

名称：**1941 年新四军皖南部队惨被围歼真相传单**

时代：中华民国

尺寸：长 63.3 厘米，宽 26.5 厘米

普查类别：档案文书

收藏单位：重庆中国三峡博物馆

名称:**1943—1948年陈文贵日记**

时代:中华民国

尺寸:长13厘米,宽9.6厘米

普查类别:名人遗物

收藏单位:重庆中国三峡博物馆

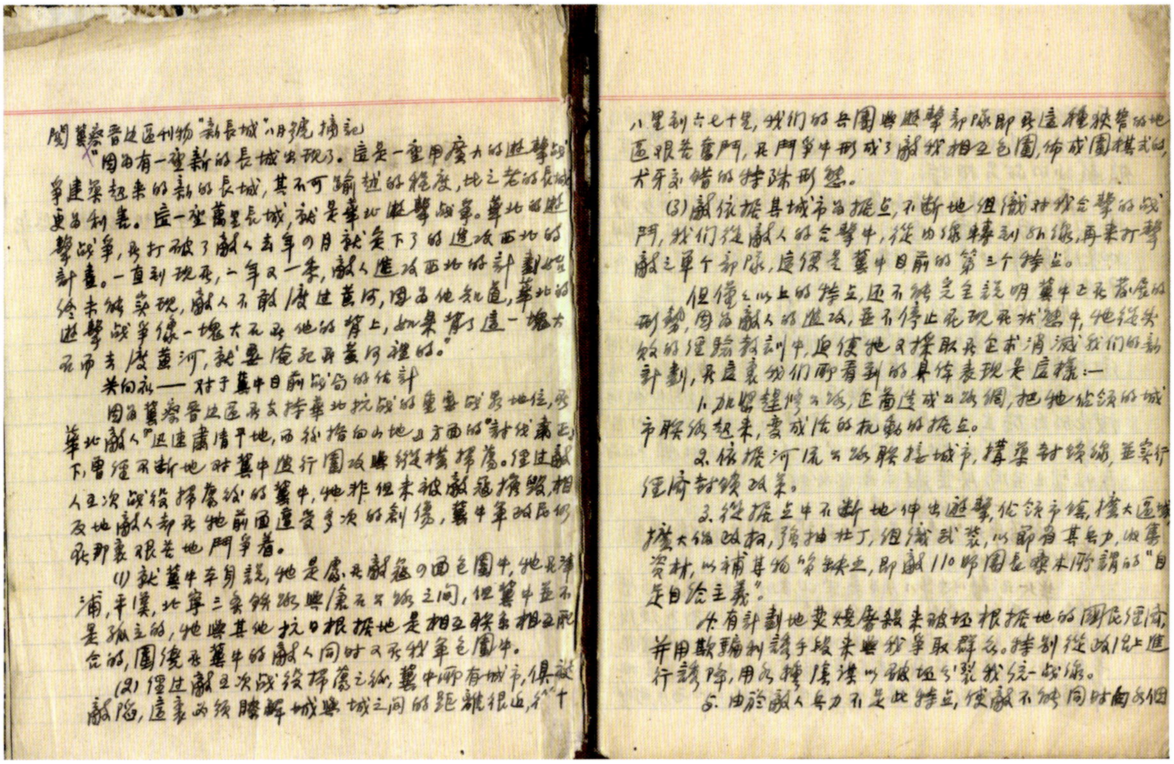

閱冀察晉邊區刊物"新長城"八月號摘記

"因為有一座新的長城出現了。這是一座用廣大的游擊戰爭建築起來的新的長城，其不可逾越的程度，比之老的長城更為利害。這一座萬里長城，就是華北游擊戰爭。華北的游擊戰爭，已打破了敵人去年四月就定下了的進攻西北的計畫。一直到現在，一年又一季，敵人進攻西北的計劃始終未能實現，敵人不敢渡過黃河，因為他知道，華北的游擊戰爭像一塊大石壓在他的背上，如果背了這一塊大石而去渡黃河，就要淹死在黃河裡的。"

吳向紀——對于冀中目前戰局的估計

因為冀察晉邊區是支持華北抗戰的重要戰略地位，所華北敵人"迅速肅清平地，而後擔負山地"方面的"討伐肅正"下，曾經不斷地對冀中進行圍攻與縱橫掃蕩。經過敵人五次戰役掃蕩後的冀中，他非但未被敵寇摧毀，相反地敵人都在他前面遭受多次的創傷，冀中軍政民仍在那裏很英勇地鬥爭着。

(1) 就冀中本身說，他是處在敵寇四面包圍中，他居津浦，平漢，北寧三條鐵路與滄石公路之間，但冀中並不是孤立的，他與其他抗日根據地是相互聯系相互配合的，圍繞在冀中的敵人同時又在我軍包圍中。

(2) 經過敵五次戰役掃蕩之後，冀中所有城市，俱被敵陷，這裏必須瞭解城與城之間的距離很近，從十八里到六七十里，我們的全團與游擊部隊即在這種狹窄的地區很英勇奮鬥，在鬥爭中形成了敵我相互包圍，佈成圍棋式的，犬牙交錯的特殊形態。

(3) 敵依據其城市為據點，不斷地組織對我合擊的戰鬥，我們從敵人的合擊中，從內線轉到外線，再來打擊敵之單个部隊，這便是冀中目前的第三个特點。

但僅以上的特點，還不能完全說明冀中已在蓄[?]的形勢，因為敵人的進攻，並不停止在現在狀態中，他從失敗的經驗教訓中，迫使他又採取另一種消滅我們的新計劃，在這裏我們所看到的具體表現是這樣：——

1. 加緊建修公路，企圖造成公路網，把他佔領的城市聯絡起來，變成活的機動的據點。

2. 依據河流公路聯接城市，構築封鎖線，並實行經濟封鎖政策。

3. 從據點中不斷地伸出游擊，佔領市鎮，擴大遊[?]擴大偽政權，強抽壯丁，組織武裝，以節省其兵力，收集資材，以補其物資缺乏，即敵110師團長桑木所謂的"自足自給主義"。

4. 有計劃地焚燒屠殺來破壞根據地的國民經濟，并用欺騙利誘手段來與我爭取群眾。特別從政治上進行誘降，用各種陰謀以破壞分裂我統一戰線。

5. 由於敵人兵力不足此特點，使敵不能同時向各個

名称：1939—1944 年陆诒在晋东南冀中冀察晋采访笔记和日记

时代：中华民国

尺寸：长 20.2 厘米，宽 16.6 厘米

普查类别：名人遗物

收藏单位：重庆中国三峡博物馆

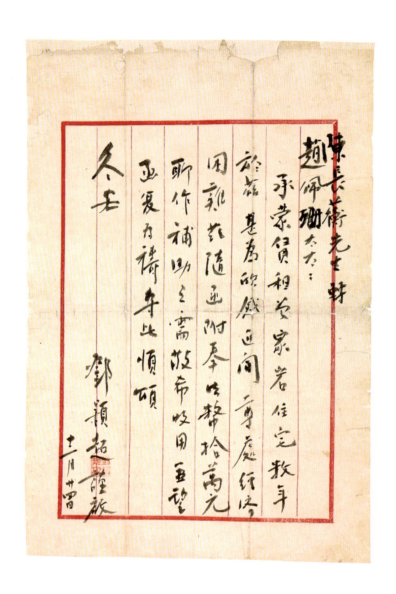

名称:1944 年邓颖超给曾家岩五十号房东赵佩珊的信

时代:中华民国

尺寸:长 26 厘米,宽 19.4 厘米

普查类别:名人遗物

收藏单位:重庆红岩革命历史博物馆

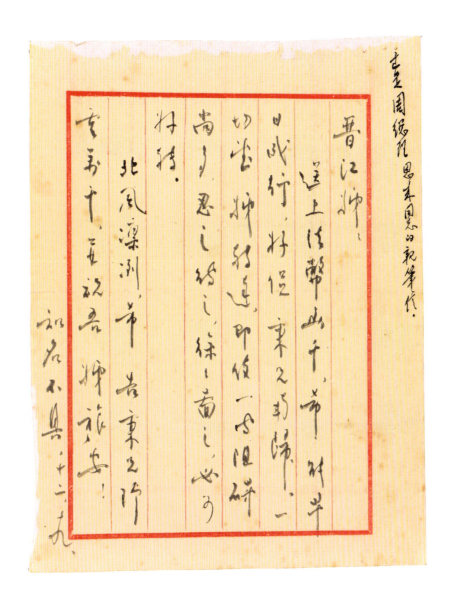

名称：**周恩来给周源江的信**

时代：中华民国

尺寸：长 26 厘米，宽 20 厘米

普查类别：名人遗物

收藏单位：重庆红岩革命历史博物馆

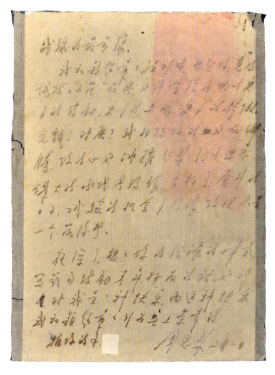
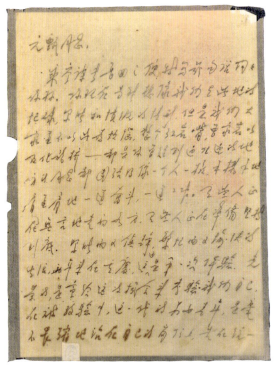

名称:**1941 年周恩来给范元甄的信**

时代:中华民国

尺寸:长 27.8 厘米,宽 20.7 厘米

普查类别:名人遗物

收藏单位:重庆红岩革命历史博物馆

名称:**周恩来在红岩使用的铁皮文件箱**

时代:中华民国

尺寸:长 44 厘米,宽 35.7 厘米,高 33.5 厘米

普查类别:名人遗物

收藏单位:重庆红岩革命历史博物馆

名称:**八路军重庆办事处女工作人员外出时共用的衣裙**

时代:中华民国

尺寸:衣长 53 厘米,裙长 72 厘米

普查类别:其他

收藏单位:重庆红岩革命历史博物馆

名称:**童小鹏使用的照相机**

时代:中华民国

尺寸:长 14.5 厘米,宽 7.8 厘米,高 7 厘米

普查类别:名人遗物

收藏单位:重庆红岩革命历史博物馆

名称:**抗日战争时期刘伯承使用过的双筒望远镜**

时代:中华民国

尺寸:长 16.1 厘米,宽 11 厘米,高 5 厘米

普查类别:名人遗物

收藏单位:刘伯承同志纪念馆管理处

名称:**抗日战争时期刘伯承使用过的棉马褡子**

时代:中华民国

尺寸:长 150 厘米,宽 72 厘米

普查类别:名人遗物

收藏单位:刘伯承同志纪念馆管理处

名称:**爱泼斯坦的外籍新闻记者证**

时代:中华民国

尺寸:长 16.8 厘米,宽 10.2 厘米

普查类别:名人遗物

收藏单位:重庆红岩革命历史博物馆

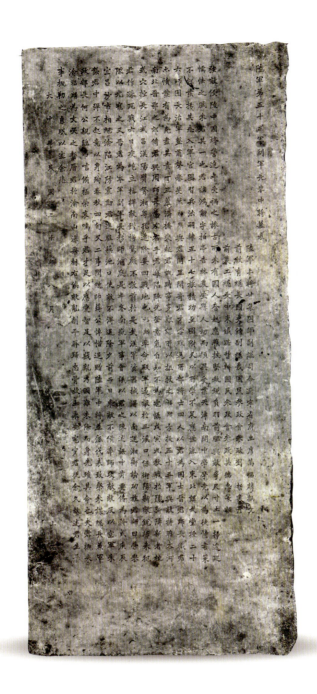

名称：**1941 年朱鸿勋将军墓碑**

时代：中华民国

尺寸：长 217 厘米，宽 98 厘米

普查类别：石器、石刻、砖瓦

收藏单位：重庆中国三峡博物馆

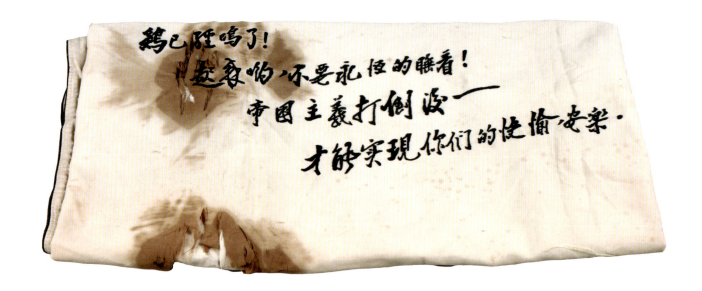

名称:抗日战争时期国军将领郭勋祺在抗日前线使用过的警枕

时代:中华民国

尺寸:长 93 厘米,宽 42.5 厘米

普查类别:名人遗物

收藏单位:重庆中国三峡博物馆

名称:**抗日战争时期郭勋祺使用过的印章**

时代:中华民国

尺寸:长 2.3 厘米,宽 2.3 厘米,高 7.1 厘米

普查类别:名人遗物

收藏单位:重庆中国三峡博物馆

名称:**抗日战争时期郭勋祺将军使用的军用皮带**

时代:中华民国

尺寸:长 119 厘米,宽 3.9 厘米

普查类别:名人遗物

收藏单位:重庆中国三峡博物馆

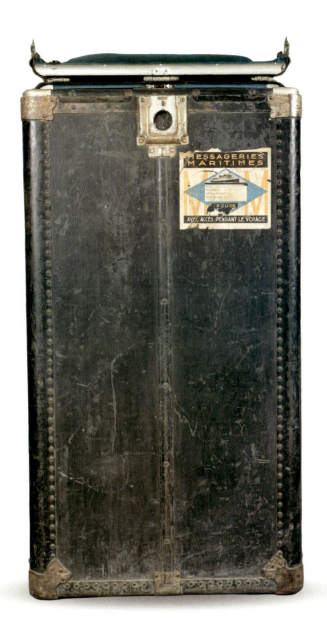

名称:黄琪翔在中国远征军任副总司令时使用的将军专用行李箱

时代:中华民国

尺寸:长 54.5 厘米,宽 46.5 厘米,高 102.3 厘米

普查类别:名人遗物

收藏单位:重庆红岩革命历史博物馆

名称:**侯祥麟使用的英文打字机**

时代:中华民国

尺寸:长 28.5 厘米,宽 28 厘米,高 7 厘米

普查类别:名人遗物

收藏单位:重庆红岩革命历史博物馆

名称:**抗日战争时期程默拍摄的《重庆大轰炸》摄影册**

时代:中华民国

尺寸:长 29.5 厘米,宽 21.7 厘米

普查类别:其他

收藏单位:重庆中国三峡博物馆

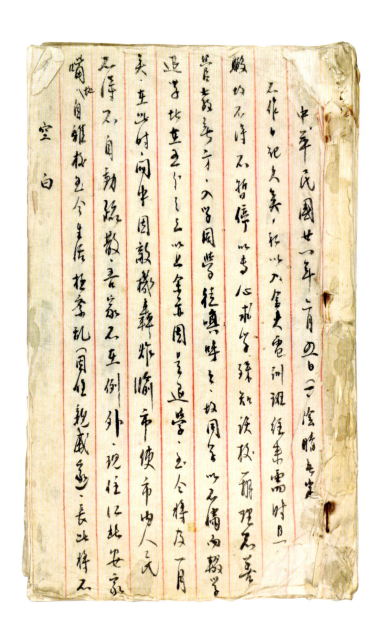

名称:**重庆大轰炸期间市民号可迪日记**

时代:中华民国

尺寸:长 25 厘米,宽 15.3 厘米

普查类别:其他

收藏单位:重庆中国三峡博物馆

名称:1939 年 5 月 4 日日军轰炸重庆时遗留的弹片

时代:中华民国

尺寸:长 17 厘米,宽 9 厘米

普查类别:武器

收藏单位:重庆中国三峡博物馆

名称:**1941 年沈钧儒保存的日本空袭炸弹的弹片**

时代:中华民国

尺寸:长 6.1 厘米,宽 5 厘米

普查类别:名人遗物

收藏单位:重庆红岩革命历史博物馆

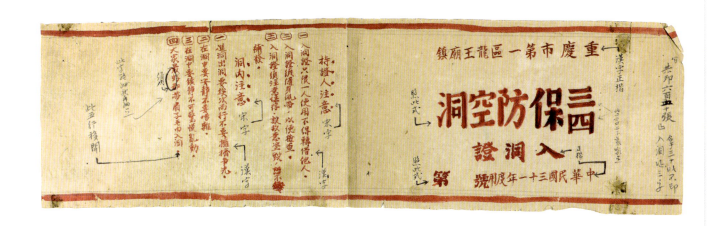

名称：1942 年重庆市第一区三四保防空洞入洞证设计小样

时代：中华民国

尺寸：长 35.6 厘米，宽 10 厘米

普查类别：文件、宣传品

收藏单位：重庆中国三峡博物馆

名称:**陪都空袭服务总队宣慰队布臂章**

时代:中华民国

尺寸:长 9.8 厘米,宽 9.8 厘米

普查类别:文件、宣传品

收藏单位:重庆中国三峡博物馆

名称:**陪都空袭服务总队服务队布臂章**

时代:中华民国

尺寸:长 9.8 厘米,宽 9.8 厘米

普查类别:文件、宣传品

收藏单位:重庆中国三峡博物馆

名称:**陪都空袭服务总队组织组布臂章**

时代:中华民国

尺寸:长 9.8 厘米,宽 9.8 厘米

普查类别:文件、宣传品

收藏单位:重庆中国三峡博物馆

名称:**陪都空袭服务总队部制陶水壶**

时代:中华民国

尺寸:长 15.2 厘米,宽 10 厘米

普查类别:陶器

收藏单位:重庆中国三峡博物馆

名称:**抗日战争时期成都造消防水枪**

时代:中华民国

尺寸:长 147 厘米

普查类别:铁器、其他金属器

收藏单位:重庆中国三峡博物馆

名称:**抗战时期援华美军 Poppy Boyington 的签名血符**

时代:中华民国

尺寸:长 26.4 厘米,宽 20.5 厘米

普查类别:文件、宣传品

收藏单位:重庆抗战遗址博物馆

名称:**抗战时期刻有"一园募捐"四字的铜锣**

时代:中华民国

尺寸:直径 22.2 厘米

普查类别:文件、宣传品

收藏单位:重庆抗战遗址博物馆

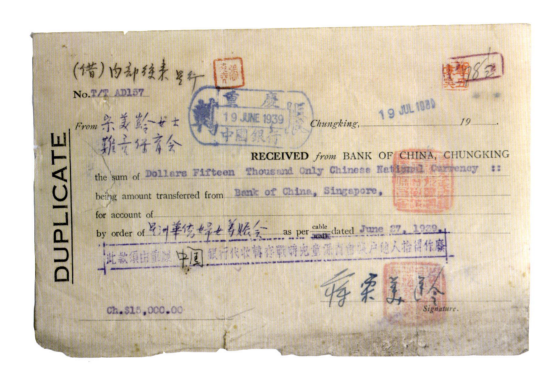

名称:**1939 年星洲华侨妇女筹赈会捐战时儿童保育会汇票单**

时代:中华民国

尺寸:长 20 厘米,宽 13.6 厘米

普查类别:票据

收藏单位:重庆抗战遗址博物馆

名称:**1945 年 1 月 30 日中央银行万县分行**
开具的聚兴诚银行转账支票

时代:中华民国

尺寸:长 20.5 厘米,宽 9.9 厘米

普查类别:票据

收藏单位:重庆市万州区博物馆(文物管理所)

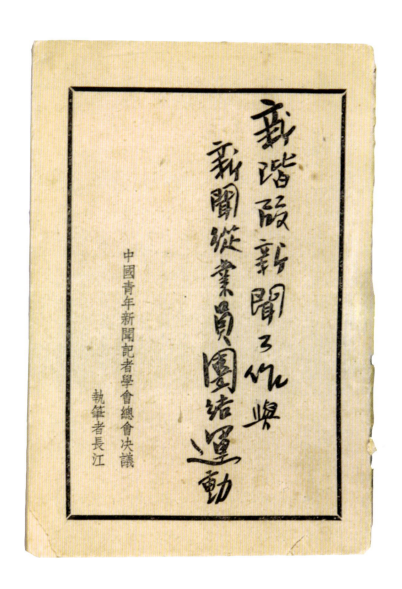

名称：1939 年中国青年新闻记者学会总会决议《新阶段新闻工作与新闻从业员团结运动》

时代：中华民国

尺寸：长 18.5 厘米，宽 12.6 厘米

普查类别：文件、宣传品

收藏单位：重庆中国三峡博物馆

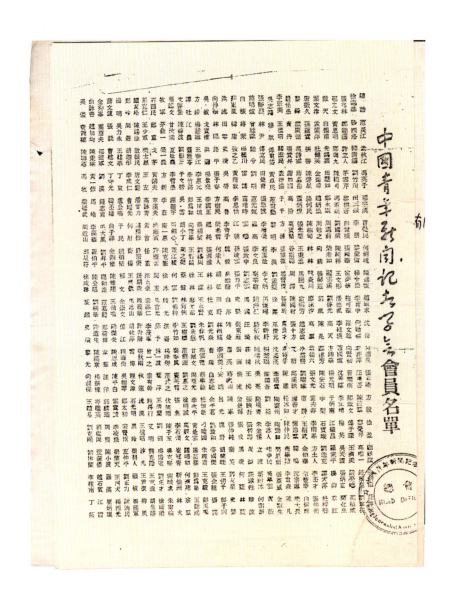

名称：**中国青年新闻记者学会会员名单**

时代：中华民国

尺寸：长 26.2 厘米，宽 19.3 厘米

普查类别：文件、宣传品

收藏单位：重庆中国三峡博物馆

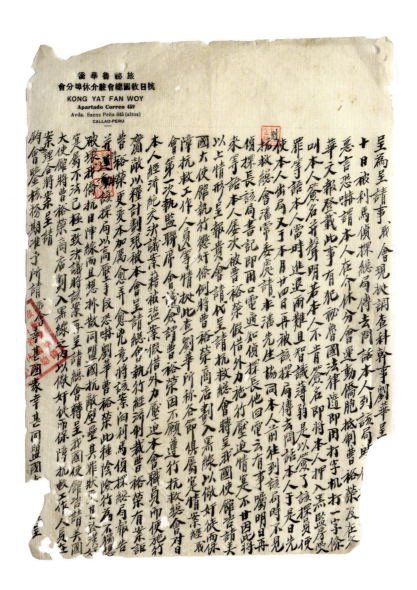

名称:**旅秘鲁华侨抗日救国总会驻介休埠分会文件**

时代:中华民国

尺寸:长 29.5 厘米,宽 21.5 厘米

普查类别:文件、宣传品

收藏单位:重庆抗战遗址博物馆

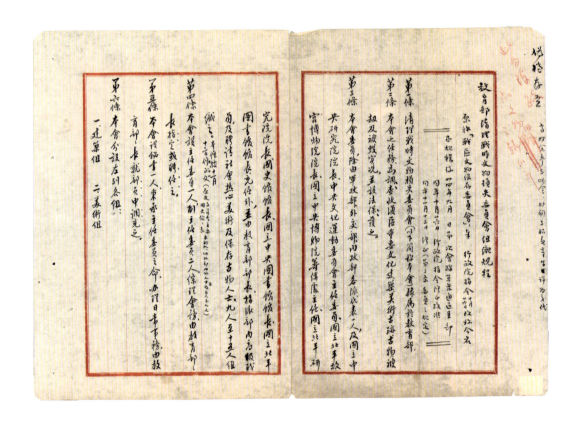

名称:中华民国时期《教育部清理战时文物损失委员会组织规程》

时代:中华民国

尺寸:长27.5厘米,宽20厘米

普查类别:档案文书

收藏单位:重庆中国三峡博物馆

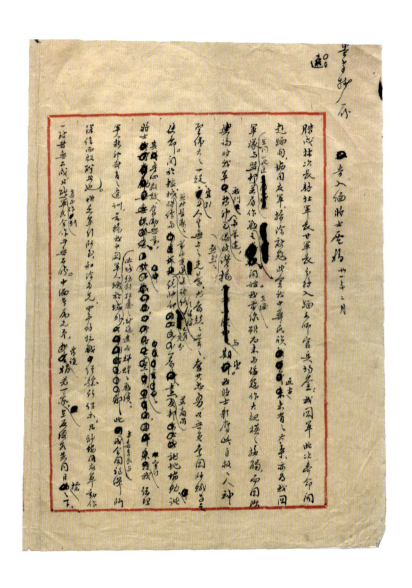

名称:1942 年陈布雷为蒋介石撰拟的《告入缅将士电稿》

时代:中华民国

尺寸:长 39.5 厘米,宽 29 厘米

普查类别:档案文书

收藏单位:重庆中国三峡博物馆

名称:**1944 年 12 月 18 日封面为宋子文的《时代周刊》**

时代:中华民国

尺寸:长 27.5 厘米,宽 21.1 厘米

普查类别:文件、宣传品

收藏单位:重庆中国三峡博物馆

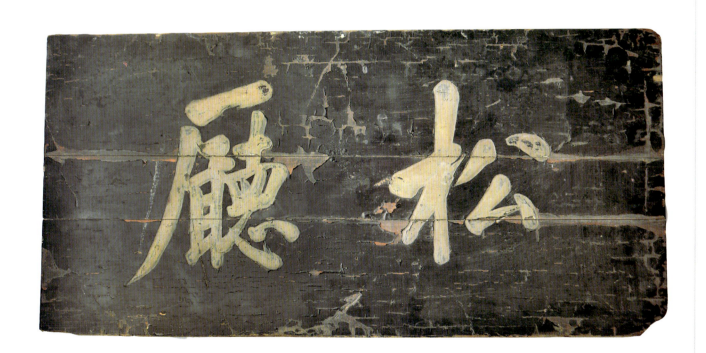

名称:**木质松厅匾额**

时代:中华民国

尺寸:长 91.6 厘米,宽 43.5 厘米

普查类别:书法、绘画

收藏单位:重庆抗战遗址博物馆

名称:**抗日战争时期美军使用过的钢盔**

时代:中华民国

尺寸:底部长直径 26.6 厘米,短直径 25 厘米,高 17 厘米

普查类别:武器

收藏单位:重庆中国三峡博物馆

名称:**抗日战争时期美军使用过的军需小桶**

时代:中华民国

尺寸:底径 37 厘米,高 35.5 厘米

普查类别:武器

收藏单位:重庆中国三峡博物馆

名称:**抗日战争时期美军使用过的手电筒**

时代:中华民国

尺寸:底径 5.2 厘米,长 18 厘米

普查类别:武器

收藏单位:重庆中国三峡博物馆

名称:**抗日战争时期美军使用过的 M1 机枪弹药箱**

时代:中华民国

尺寸:长 27.5 厘米,宽 18 厘米,高 9.5 厘米

普查类别:武器

收藏单位:重庆中国三峡博物馆

名称:**抗日战争时期美军机械修理小工具**

时代:中华民国

尺寸:长 12.5 厘米

普查类别:武器

收藏单位:重庆中国三峡博物馆

名称:**抗日战争时期美军皮衣外套**

时代:中华民国

尺寸:袖长 56 厘米,衣长 63 厘米

普查类别:其他

收藏单位:重庆中国三峡博物馆

名称:**抗日战争时期皮质飞虎队徽标**

时代:中华民国

尺寸:长 14.5 厘米,高 13.5 厘米

普查类别:文件、宣传品

收藏单位:重庆抗战遗址博物馆

名称:**抗日战争时期日军刺刀**

时代:中华民国

尺寸:长 69 厘米,鞘长 58.5 厘米

普查类别:武器

收藏单位:重庆中国三峡博物馆

名称:**抗日战争时期日军弹药盒**

时代:中华民国

尺寸:长 14.8 厘米, 宽 4.5 厘米, 高 11 厘米

普查类别:武器

收藏单位:重庆中国三峡博物馆

名称:**抗日战争时期日本海军军帽**

时代:中华民国

尺寸:帽宽 32 厘米,帽深 14.5 厘米

普查类别:其他

收藏单位:重庆中国三峡博物馆

名称:1940 年至 1946 年新华日报资料室存档的《新华日报》合订本

时代:中华民国

尺寸:长 53.2 厘米,宽 39 厘米

普查类别:文件、宣传品

收藏单位:重庆红岩革命历史博物馆

名称:抗日战争时期《新华日报》使用的四开印刷机

时代:中华民国

尺寸:长 180 厘米,宽 130 厘米,高 120 厘米

普查类别:铁器、其他金属器

收藏单位:重庆中国三峡博物馆

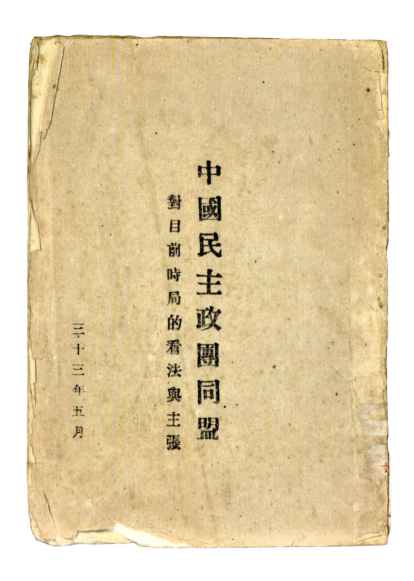

名称:1944 年铅印本《中国民主政团同盟对目前时局的看法与主张》

时代:中华民国

尺寸:长 17.7 厘米,宽 12.8 厘米

普查类别:古籍图书

收藏单位:重庆红岩革命历史博物馆

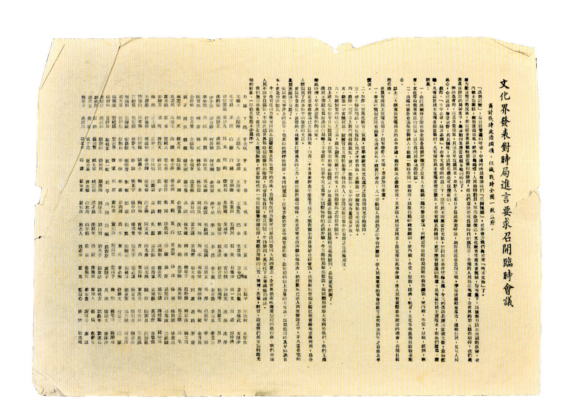

名称:1945年《文化界发表对时局进言要求召开临时会议》传单

时代:中华民国

尺寸:长38厘米,宽26.5厘米

普查类别:文件、宣传品

收藏单位:重庆红岩革命历史博物馆

名称:1945 年陕甘宁边区新华书店出版的《论联合政府》

时代:中华民国

尺寸:长 18.1 厘米,宽 12.9 厘米

普查类别:古籍图书

收藏单位:重庆中国三峡博物馆

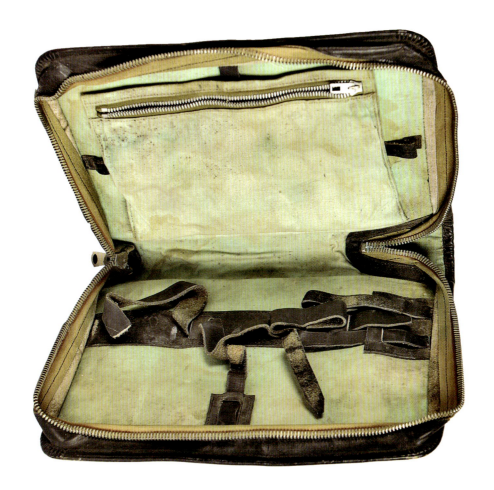

名称:**1945 年董必武出席旧金山联合国制宪会议及在美期间使用的公文包**

时代:中华民国

尺寸:长 25.9 厘米,宽 19.9 厘米

普查类别:名人遗物

收藏单位:重庆红岩革命历史博物馆

名称：**1945 年董必武出席旧金山联合国制宪会议及在美期间使用的大衣**

时代：中华民国

尺寸：长 104 厘米，宽 107 厘米

普查类别：名人遗物

收藏单位：重庆红岩革命历史博物馆

名称:1943 年重庆《益世报》关于意大利无条件投降号外

时代:中华民国

尺寸:长 30.5 厘米,宽 21.5 厘米

普查类别:文件、宣传品

收藏单位:重庆中国三峡博物馆

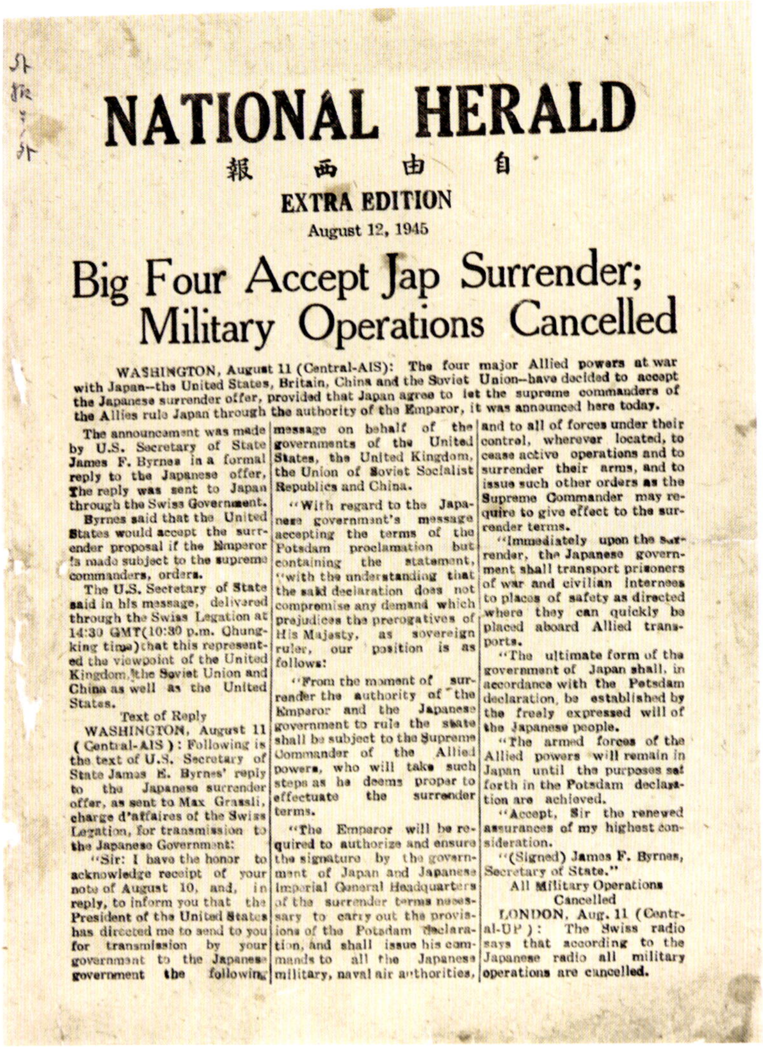

NATIONAL HERALD

自由西報

EXTRA EDITION

August 12, 1945

Big Four Accept Jap Surrender; Military Operations Cancelled

WASHINGTON, August 11 (Central-AIS): The four major Allied powers at war with Japan--the United States, Britain, China and the Soviet Union--have decided to accept the Japanese surrender offer, provided that Japan agree to let the supreme commanders of the Allies rule Japan through the authority of the Emperor, it was announced here today.

The announcement was made by U.S. Secretary of State James F. Byrnes in a formal reply to the Japanese offer, The reply was sent to Japan through the Swiss Government.

Byrnes said that the United States would accept the surrender proposal if the Emperor is made subject to the supreme commanders, orders.

The U.S. Secretary of State said in his message, delivered through the Swiss Legation at 14:30 GMT(10:30 p.m. Chungking time)that this represented the viewpoint of the United Kingdom, the Soviet Union and China as well as the United States.

Text of Reply

WASHINGTON, August 11 (Central-AIS): Following is the text of U.S. Secretary of State James E. Byrnes' reply to the Japanese surrender offer, as sent to Max Grassli, charge d'affaires of the Swiss Legation, for transmission to the Japanese Government:

"Sir: I have the honor to acknowledge receipt of your note of August 10, and, in reply, to inform you that the President of the United States has directed me to send to you for transmission by your government to the Japanese government the following message on behalf of the governments of the United States, the United Kingdom, the Union of Soviet Socialist Republics and China.

"With regard to the Japanese government's message accepting the terms of the Potsdam proclamation but containing the statement, "with the understanding that the said declaration does not compromise any demand which prejudices the prerogatives of His Majesty, as sovereign ruler, our position is as follows:

"From the moment of surrender the authority of the Emperor and the Japanese government to rule the state shall be subject to the Supreme Commander of the Allied powers, who will take such steps as he deems proper to effectuate the surrender terms.

"The Emperor will be required to authorize and ensure the signature by the government of Japan and Japanese Imperial General Headquarters of the surrender terms necessary to carry out the provisions of the Potsdam declaration, and shall issue his commands to all the Japanese military, naval air authorities, and to all of forces under their control, wherever located, to cease active operations and to surrender their arms, and to issue such other orders as the Supreme Commander may require to give effect to the surrender terms.

"Immediately upon the surrender, the Japanese government shall transport prisoners of war and civilian internees to places of safety as directed where they can quickly be placed aboard Allied transports.

"The ultimate form of the government of Japan shall, in accordance with the Potsdam declaration, be established by the freely expressed will of the Japanese people.

"The armed forces of the Allied powers will remain in Japan until the purposes set forth in the Potsdam declaration are achieved.

"Accept, Sir the renewed assurances of my highest consideration.

"(Signed) James F. Byrnes, Secretary of State."

All Military Operations Cancelled

LONDON, Aug. 11 (Central-UP): The Swiss radio says that according to the Japanese radio all military operations are cancelled.

名称：1945 年 8 月 12 日重庆英文版《自由西报》关于“日本接受投降”的号外

时代：中华民国

尺寸：长 26 厘米，宽 18 厘米

普查类别：文件、宣传品

收藏单位：重庆中国三峡博物馆

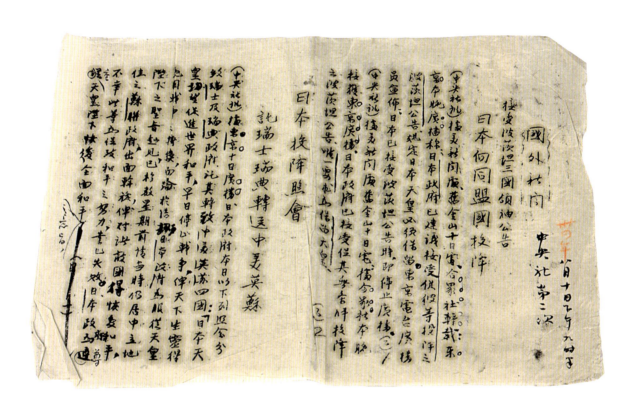

名称：1945 年 8 月 10 日中央通讯社关于"日本向同盟国投降"的号外

时代：中华民国

尺寸：长 33 厘米，宽 22.4 厘米

普查类别：文件、宣传品

收藏单位：重庆中国三峡博物馆

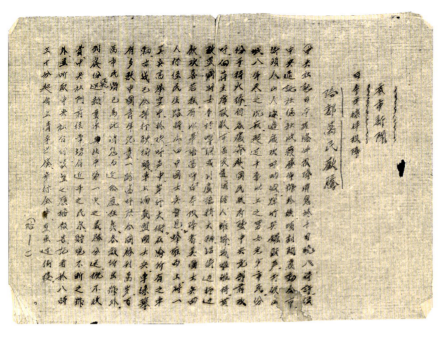

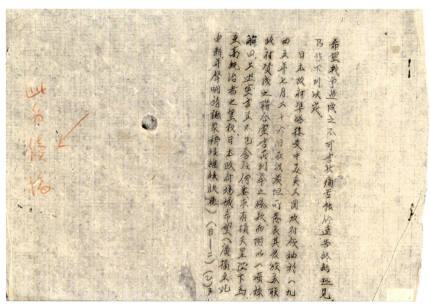

名称:**1945 年中央通讯社"关于日本投降"的参考资料**

时代:中华民国

尺寸:长 31 厘米,宽 21.3 厘米

普查类别:档案文书

收藏单位:重庆中国三峡博物馆

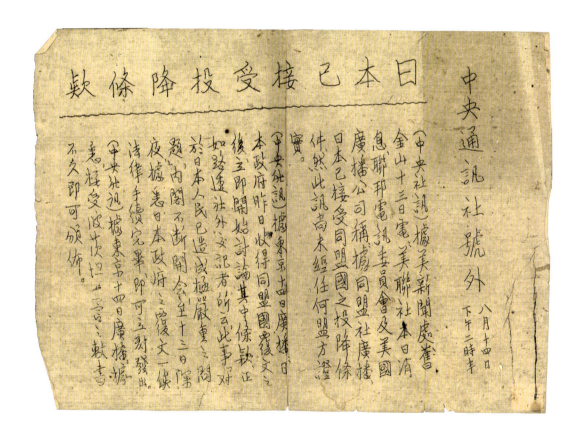

名称：**1945 年 8 月 14 日中央通讯社关于"日本接受投降条款"号外**

时代：中华民国

尺寸：长 29 厘米，宽 21 厘米

普查类别：文件、宣传品

收藏单位：重庆中国三峡博物馆

名称:**同盟胜利纪念章**

时代:中华民国

尺寸:直径 1.7 厘米

普查类别:文件、宣传品

收藏单位:重庆中国三峡博物馆

名称:**抗战纪念章**

时代:中华民国

尺寸:高 4.3 厘米,宽 3.5 厘米

普查类别:文件、宣传品

收藏单位:重庆中国三峡博物馆

名称:**铜质冀鲁豫军区抗战纪念章**

时代:中华民国

尺寸:高 8 厘米,宽 4 厘米

普查类别:文件、宣传品

收藏单位:重庆抗战遗址博物馆

名称:**铜质抗战胜利纪念章**

时代:中华民国

尺寸:高 12.8 厘米,宽 5.3 厘米

普查类别:文件、宣传品

收藏单位:重庆抗战遗址博物馆

名称:**三民主义同志联合会用过的印章**

时代:中华民国

尺寸:底径 3 厘米,高 4.5 厘米

普查类别:玺印符牌

收藏单位:重庆中国三峡博物馆

名称:**三民主义同志联合会之章**

时代:中华民国

尺寸:底长 2.6 厘米,底宽 2.6 厘米

普查类别:玺印符牌

收藏单位:重庆中国三峡博物馆

名称:**三民主义同志联合会证章**

时代:中华民国

尺寸:底长 4.4 厘米,底宽 4.4 厘米

普查类别:玺印符牌

收藏单位:重庆中国三峡博物馆

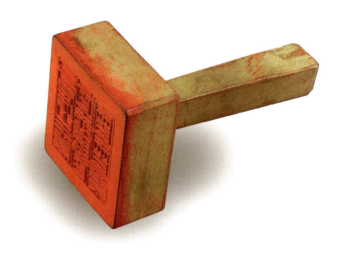

名称:**三民主义同志联合会会章**

时代:中华民国

尺寸:长 5 厘米,宽 5 厘米

普查类别:玺印符牌

收藏单位:重庆中国三峡博物馆

名称:钱之光签名保存的《一九四四年国共谈判重要文献》

时代:中华民国

尺寸:长 18 厘米,宽 12 厘米

普查类别:名人遗物

收藏单位:重庆红岩革命历史博物馆

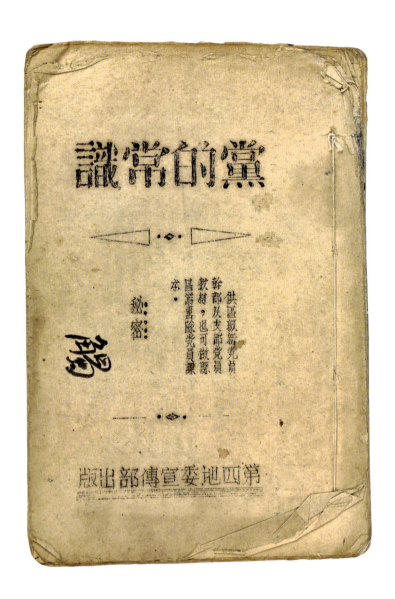

名称:**1945 年第四地委宣传部《党的常识》油印本**

时代:中华民国

尺寸:长 18.4 厘米,宽 12.6 厘米

普查类别:文件、宣传品

收藏单位:重庆红岩革命历史博物馆

名称:1945 年毛泽东在重庆谈判期间使用的水盂

时代:中华民国

尺寸:直径 8 厘米,高 4.5 厘米

普查类别:名人遗物

收藏单位:重庆红岩革命历史博物馆

名称:**1945 年毛泽东在重庆谈判期间使用的铜勺**

时代:中华民国

尺寸:长 8.6 厘米

普查类别:名人遗物

收藏单位:重庆红岩革命历史博物馆

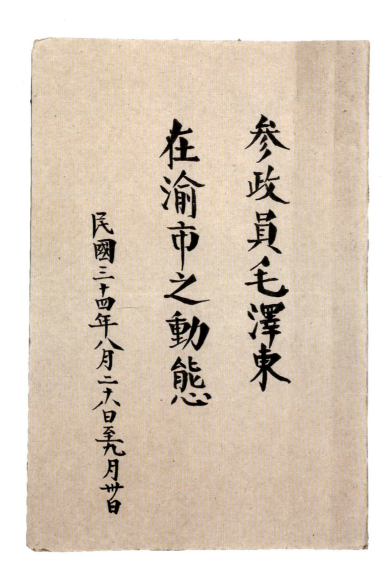

名称：1945 年国民政府军事委员会宪兵司令张镇呈报给军政部部长陈诚的《参政员毛泽东在渝市之动态》

时代：中华民国

尺寸：长 28.3 厘米，宽 19.5 厘米

普查类别：档案文书

收藏单位：重庆红岩革命历史博物馆

解放战
争时期

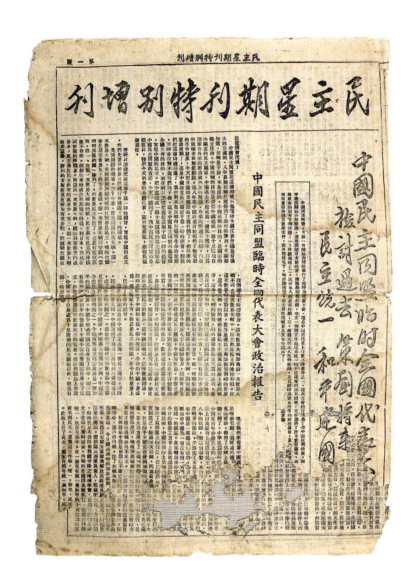

名称:《民主星期刊特别增刊》

时代:中华民国

尺寸:长 54 厘米,宽 39 厘米

普查类别:名人遗物

收藏单位:重庆中国三峡博物馆

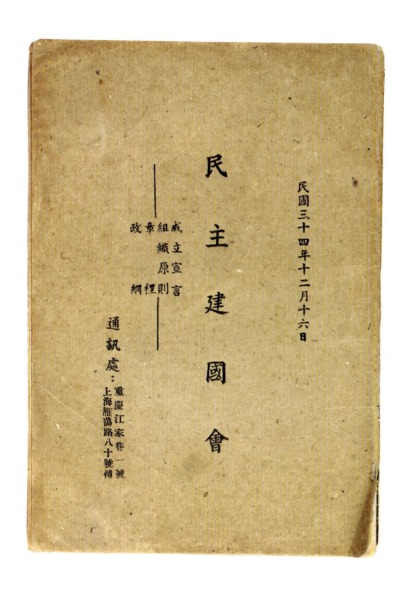

名称：1945 年印《民主建国会》

时代：中华民国

尺寸：长 17.8 厘米，宽 12.5 厘米

普查类别：文件、宣传品

收藏单位：重庆中国三峡博物馆

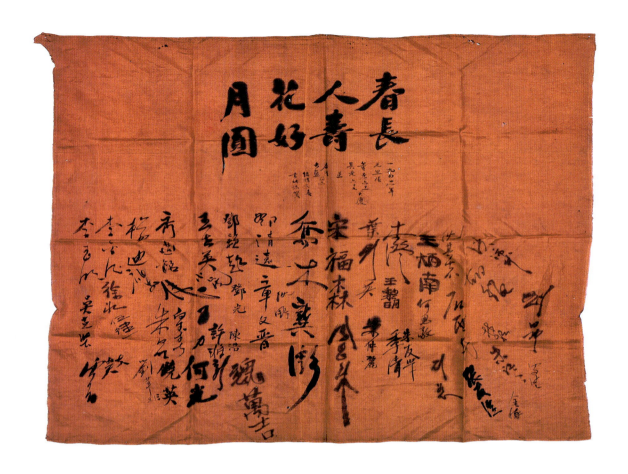

名称: 1946 年周恩来、董必武等联名签署的颜太龙、吴大兰结婚贺幛

时代:中华民国

尺寸:长 70 厘米,宽 69 厘米

普查类别:名人遗物

收藏单位:重庆中国三峡博物馆

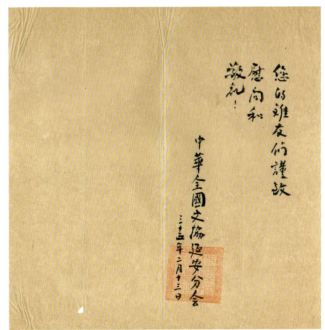

名称：1946 年中华全国文协延安分会发给郭沫若先生的慰问信

时代：中华民国

尺寸：长 28 厘米，宽 27.5 厘米

普查类别：档案文书

收藏单位：重庆中国三峡博物馆

名称：**郑文同志的中共代表团证章**

时代：中华民国

尺寸：直径 2.1 厘米

普查类别：文件、宣传品

收藏单位：重庆中国三峡博物馆

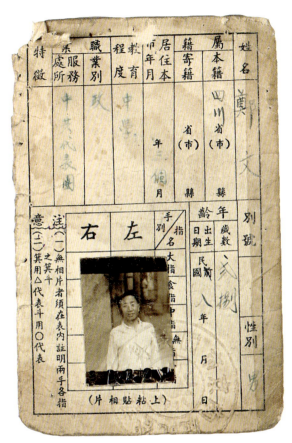

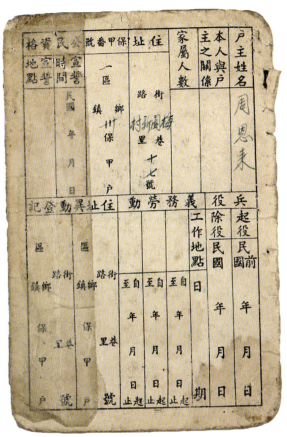

名称：**1946 年以周恩来梅园新村住址为户主的郑文的身份证**

时代：中华民国

尺寸：长 10.5 厘米，宽 7 厘米

普查类别：档案文书

收藏单位：重庆中国三峡博物馆

名称:**刘伯承使用过的眼镜**

时代:中华民国

尺寸:长 12.5 厘米,宽 4.3 厘米

普查类别:名人遗物

收藏单位:刘伯承同志纪念馆管理处

名称:**刘伯承使用过的左轮手枪**

时代:中华民国

尺寸:长 19.7 厘米, 宽 7.5 厘米

普查类别:名人遗物

收藏单位:刘伯承同志纪念馆管理处

名称:**刘伯承穿过的黑色牛皮短大衣**

时代:中华民国

尺寸:衣长 93 厘米,衣宽 58 厘米

普查类别:名人遗物

收藏单位:刘伯承同志纪念馆管理处

名称:**刘伯承使用过的行军床**

时代:中华民国

尺寸:长 192.5 厘米,宽 68 厘米,高 41 厘米

普查类别:名人遗物

收藏单位:刘伯承同志纪念馆管理处

名称:1946 年冯玉祥送给鲜英的《民主之家》木匾

时代:中华民国

尺寸:长 138 厘米,宽 65 厘米,厚 2.5 厘米

普查类别:名人遗物

收藏单位:重庆红岩革命历史博物馆

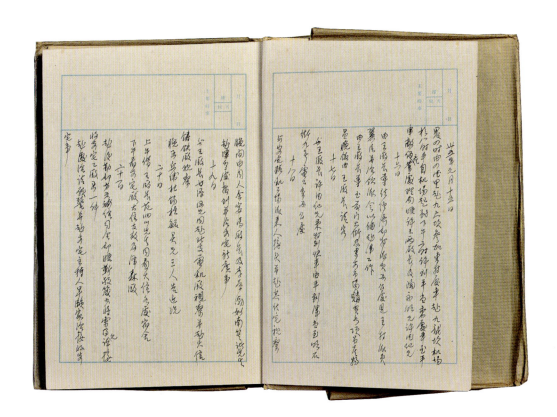

名称：**1946 年留美科协人员蓝毓钟写的日记**

时代：中华民国

尺寸：长 18.7 厘米，宽 12.8 厘米

普查类别：名人遗物

收藏单位：重庆红岩革命历史博物馆

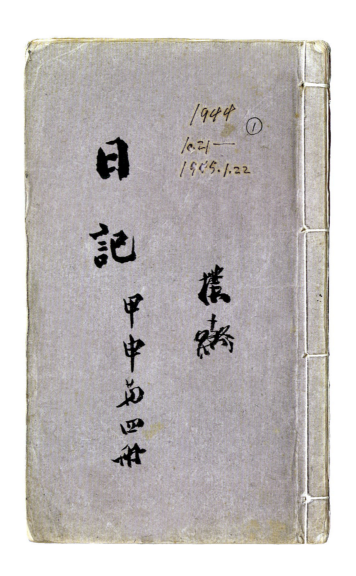

名称:**范朴斋日记手稿**

时代:中华民国

尺寸:长 24.2 厘米,宽 15 厘米

普查类别:名人遗物

收藏单位:重庆红岩革命历史博物馆

名称:1946 年邓初民主编的铅印本《唯民周刊》第 1 卷第 1 期

时代:中华民国

尺寸:长 24.6 厘米,宽 17.6 厘米

普查类别:文件、宣传品

收藏单位:重庆红岩革命历史博物馆

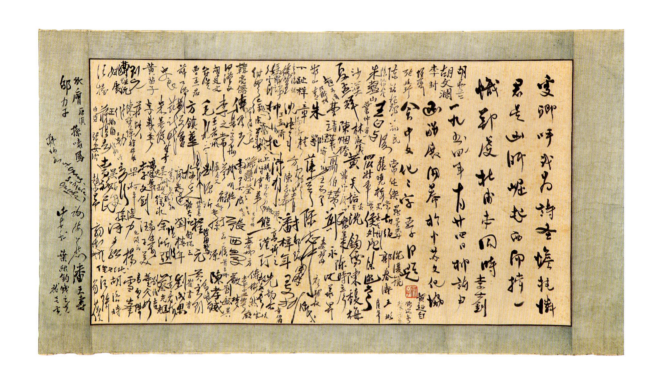

名称:**"柳诗尹画"联展签名横披**

时代:中华民国

尺寸:长 53 厘米,宽 103 厘米

普查类别:书法、绘画

收藏单位:重庆中国三峡博物馆

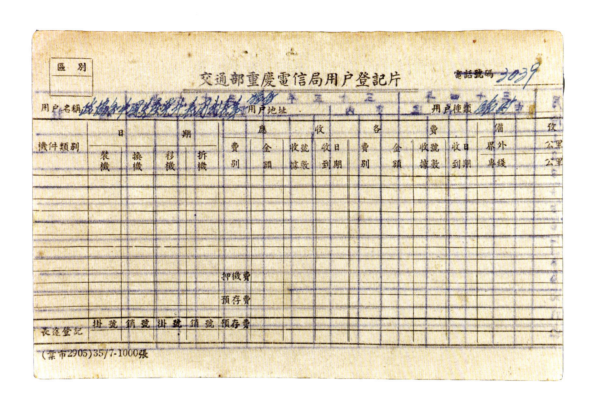

名称:1946 年旧政协会议期间中共代表团的长途电话记录卡

时代:中华民国

尺寸:长 12 厘米,宽 18.7 厘米

普查类别:档案文书

收藏单位:重庆中国三峡博物馆

名称:**1946 年陪都各界庆祝政协会议成功大会筹备会印谱**

时代:中华民国

尺寸:宽 11.5 厘米,高 19.5 厘米

普查类别:玺印符牌

收藏单位:重庆中国三峡博物馆

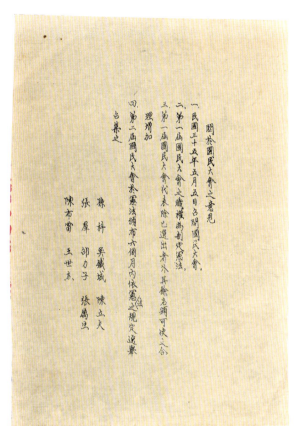

名称：国民党中央党部秘书处关于政协代表名额分配与召开国民大会事宜与孙科等的往来函

时代：中华民国

尺寸：长30.8厘米，宽21.3厘米

普查类别：档案文书

收藏单位：重庆红岩革命历史博物馆

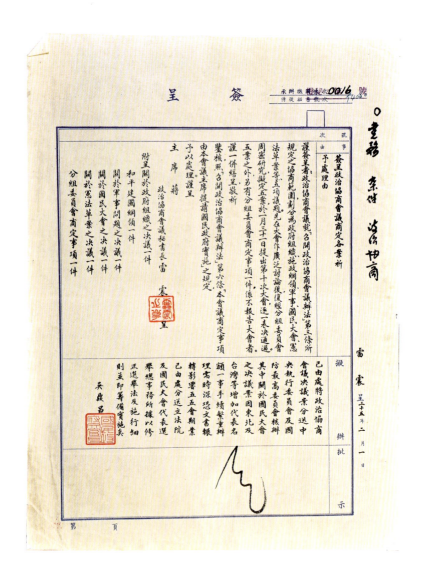

名称：**1946年吴鼎昌与雷震就政协会议商定各案呈蒋介石文**

时代：中华民国

尺寸：长33.2厘米，宽24.8厘米

普查类别：档案文书

收藏单位：重庆红岩革命历史博物馆

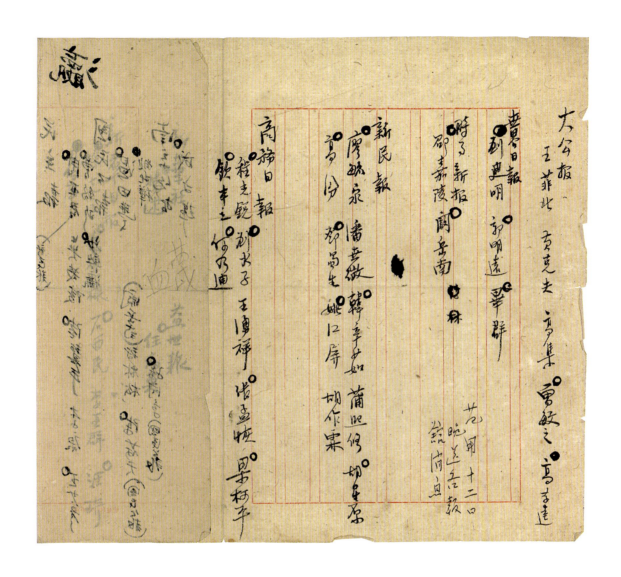

名称：**1946 年 2 月 12 日范用送各报馆消息名单**

时代：中华民国

尺寸：长 39.5 厘米，宽 27.5 厘米

普查类别：档案文书

收藏单位：重庆中国三峡博物馆

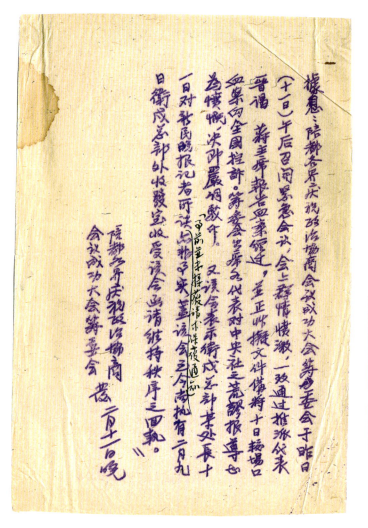

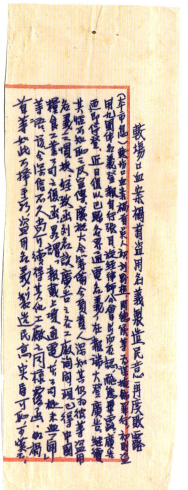

名称：1946 年关于"较场口血案"的通讯稿两份

时代：中华民国

尺寸：长 26 厘米，宽 9.5 厘米；长 26 厘米，宽 18 厘米

普查类别：文件、宣传品

收藏单位：重庆中国三峡博物馆

名称：1946 年昆明民主周刊社等六家报社
发表《我们对于较场口血案的意见》

时代：中华民国

尺寸：长 26 厘米，宽 20 厘米

普查类别：名人遗物

收藏单位：重庆中国三峡博物馆

名称：1946 年《向全国同胞控诉！——报告二月十日陪都血案真相》

时代：中华民国

尺寸：长 50 厘米，宽 26 厘米

普查类别：文件、宣传品

收藏单位：重庆中国三峡博物馆

名称:1946 年《组织中国科学工作者协会缘起》

时代:中华民国

尺寸:长 36.6 厘米,宽 25.3 厘米

普查类别:文件、宣传品

收藏单位:重庆中国三峡博物馆

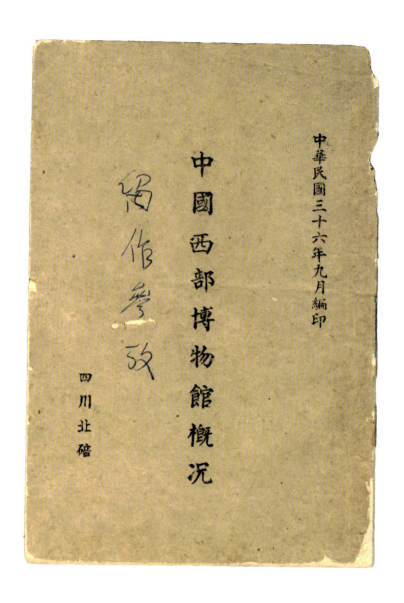

名称:1947 年西部科学院编《中国西部博物馆概况》

时代:中华民国

尺寸:长 18 厘米,宽 12 厘米

普查类别:古籍图书

收藏单位:重庆中国三峡博物馆

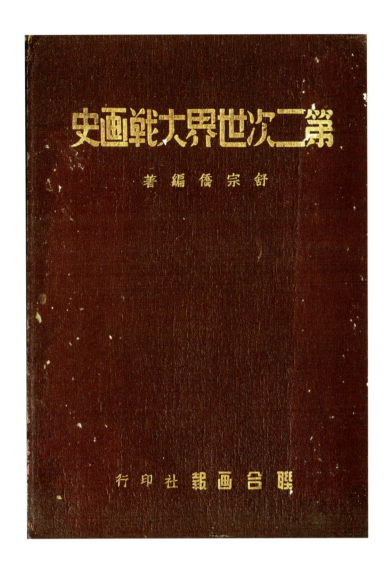

名称:1946 年舒宗侨编著《第二次世界大战画史》

时代:中华民国

尺寸:长 25 厘米,宽 18 厘米

普查类别:古籍图书

收藏单位:重庆中国三峡博物馆

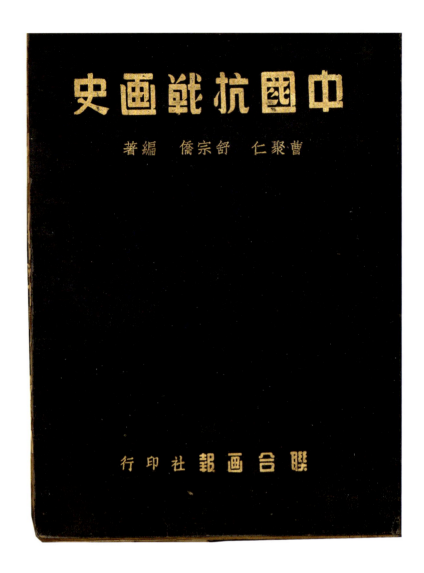

名称:1947 年曹聚仁、舒宗侨编著《中国抗战画史》

时代:中华民国

尺寸:长 26.5 厘米,宽 18.5 厘米

普查类别:古籍图书

收藏单位:重庆中国三峡博物馆

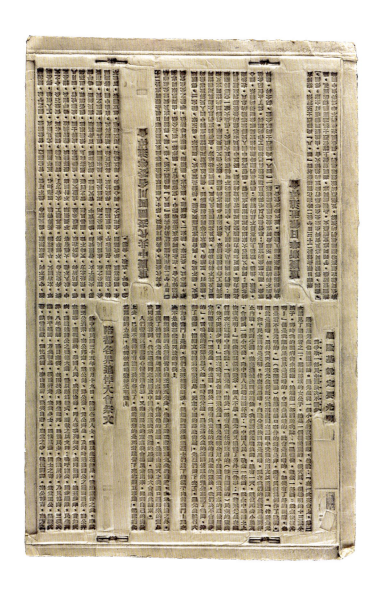

名称:《新华日报》"四八"烈士纪念刊纸模板

时代:中华民国

尺寸:长 29.2 厘米,宽 19.2 厘米

普查类别:文件、宣传品

收藏单位:重庆中国三峡博物馆

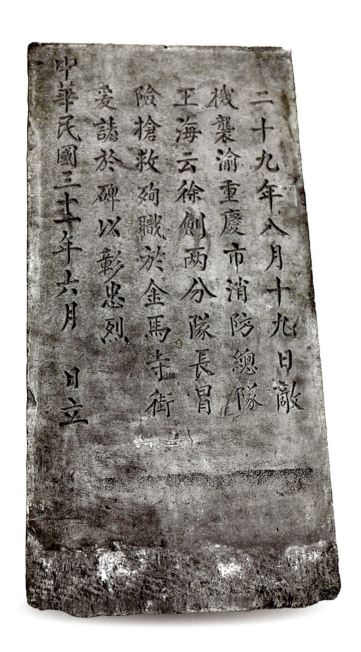

名称:**重庆消防人员纪念碑**

时代:中华民国

尺寸:长 88 厘米,宽 44 厘米

普查类别:石器、石刻、砖瓦

收藏单位:重庆中国三峡博物馆

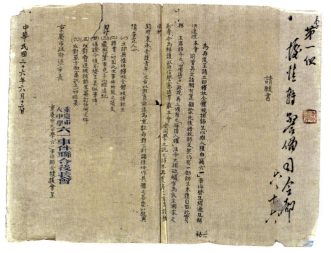
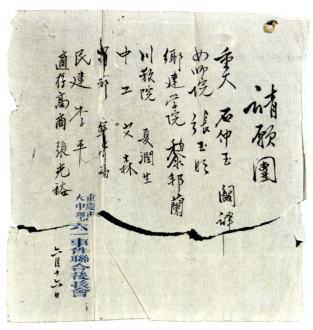

名称:**1947 年重庆市大中学"六一"事件联合后援会呈警备司令部的请愿书和签名**

时代:中华民国

尺寸:长 26.7 厘米,宽 25.5 厘米;长 36 厘米,宽 27 厘米

普查类别:档案文书

收藏单位:重庆红岩革命历史博物馆

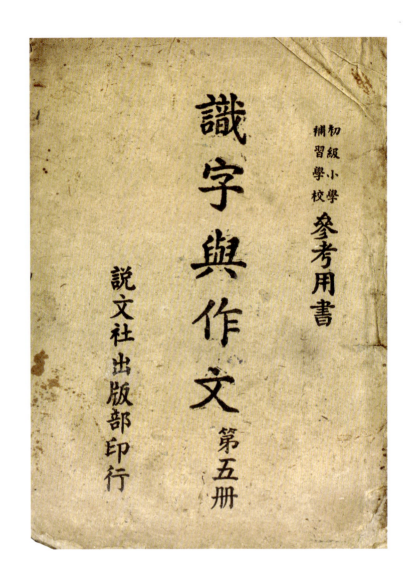

名称:1948 年卫聚贤编《识字与作文》

时代:中华民国

尺寸:长 17.8 厘米,宽 12.8 厘米

普查类别:古籍图书

收藏单位:重庆中国三峡博物馆

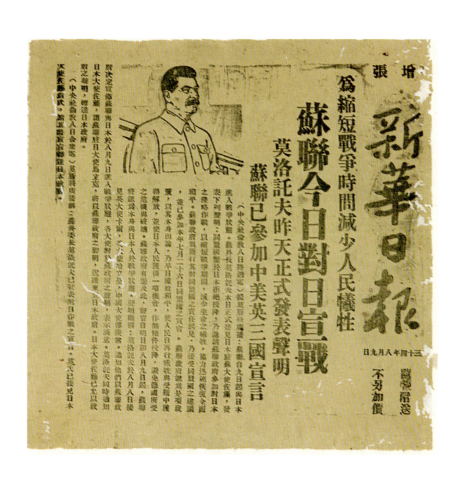

名称:1945 年 8 月 9 日《新华日报》增张

时代:中华民国

尺寸:长 27.5 厘米,宽 26 厘米

普查类别:文件、宣传品

收藏单位:重庆中国三峡博物馆

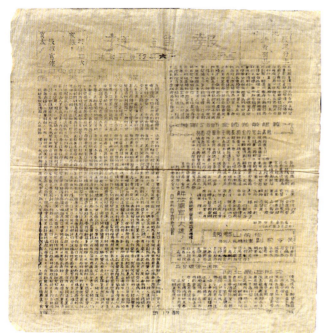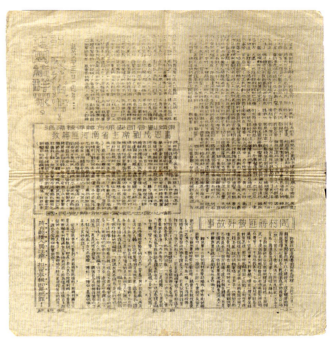

名称:**1948 年重庆地下党出版的《挺进报》**

时代:中华民国

尺寸:长 36 厘米,宽 24 厘米

普查类别:文件、宣传品

收藏单位:重庆中国三峡博物馆

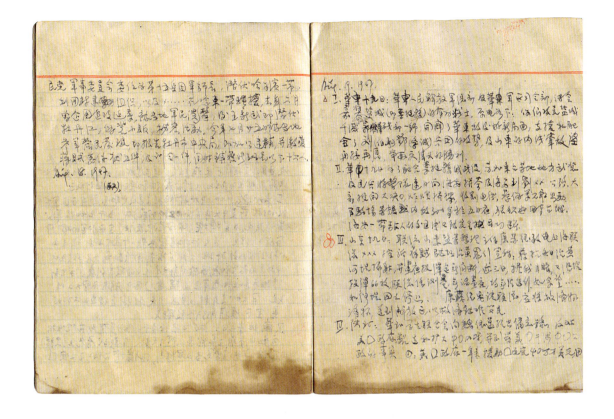

名称:《挺进报》收音站的电讯记录手稿

时代:中华民国

尺寸:长19厘米,宽14.5厘米

普查类别:档案文书

收藏单位:重庆中国三峡博物馆

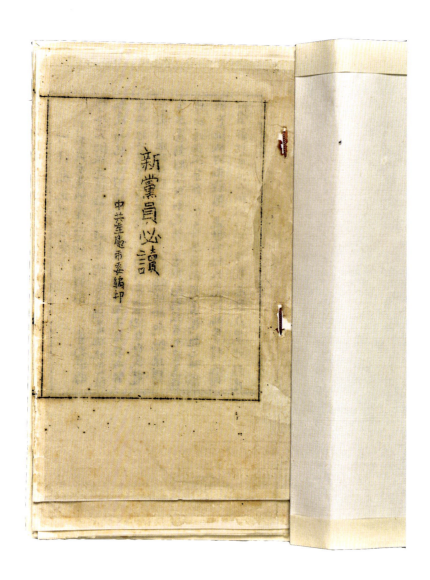

名称:**中共重庆市委编印的油印本《新党员必读》**

时代:中华民国

尺寸:长 20 厘米,宽 13.3 厘米

普查类别:古籍图书

收藏单位:重庆红岩革命历史博物馆

名称: **1949 年中国人民解放军一〇六团渡江第一船胜利奖旗**

时代: 中华人民共和国

尺寸: 长 162 厘米, 宽 83 厘米

普查类别: 其他

收藏单位: 重庆中国三峡博物馆

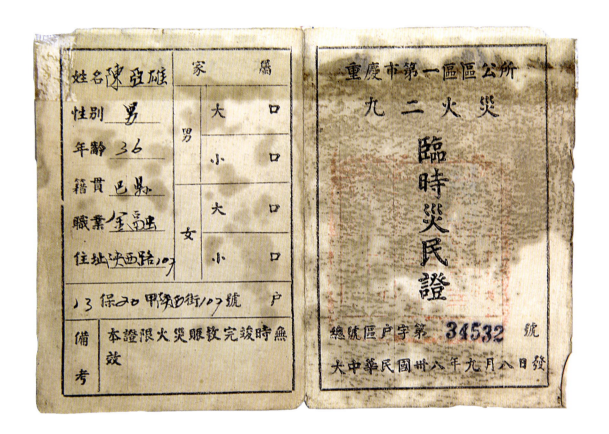

名称:1949 年"九二火灾"的临时灾民证

时代:中华民国

尺寸:长 15.4 厘米,宽 10.7 厘米

普查类别:文件、宣传品

收藏单位:重庆中国三峡博物馆

名称:**侯方岳手绘滇东战区形势及秘密交通网(1947—1949 年)示意图**

时代:中华民国

尺寸:长 61 厘米,宽 41 厘米

普查类别:名人遗物

收藏单位:重庆红岩革命历史博物馆

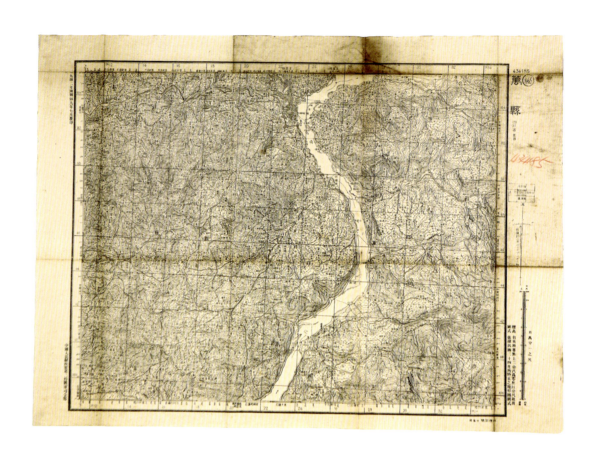

名称:**二野司令部印万县地图**

时代:中华民国

尺寸:长 61.3 厘米,宽 44.1 厘米

普查类别:档案文书

收藏单位:重庆中国三峡博物馆

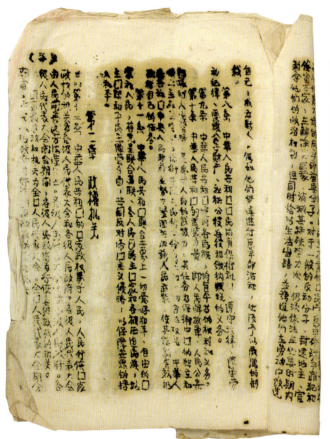
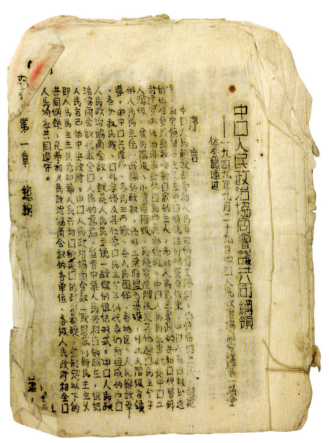

名称：1949 年 9 月 29 日《中国人民政治协商会议共同纲领》

时代：中华民国

尺寸：长 18.7 厘米，宽 14 厘米

普查类别：文件、宣传品

收藏单位：重庆中国三峡博物馆

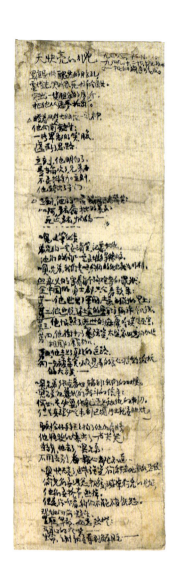

名称:1949 年重庆中美合作所集中营
殉难烈士陈策《天快亮的行凶》手稿

时代:中华民国

尺寸:长 36.2 厘米,宽 9.3 厘米

普查类别:名人遗物

收藏单位:重庆中国三峡博物馆

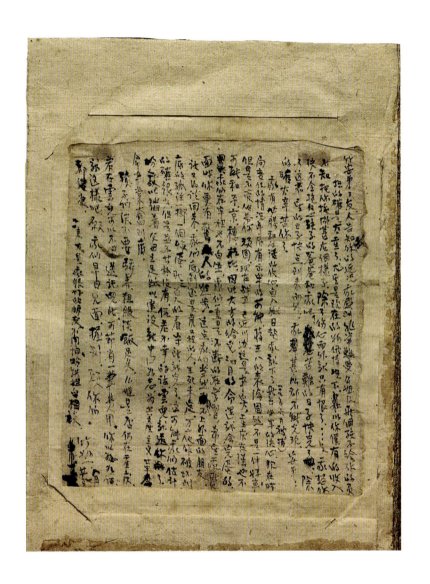

名称：**1949 年重庆中美合作所集中营殉难烈士江竹筠遗书**

时代：中华民国

尺寸：长 14.4 厘米，宽 12.6 厘米

普查类别：名人遗物

收藏单位：重庆中国三峡博物馆

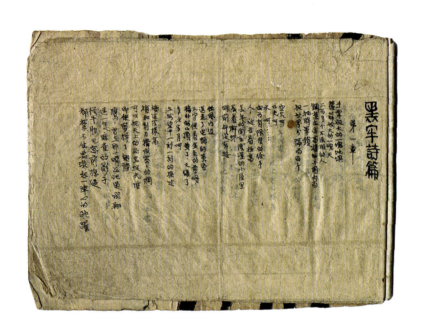

名称:1949 年重庆中美合作所集中营殉难烈士蔡梦慰《黑牢诗篇》手稿

时代:中华民国

尺寸:长 17 厘米,宽 11.4 厘米

普查类别:名人遗物

收藏单位:重庆中国三峡博物馆

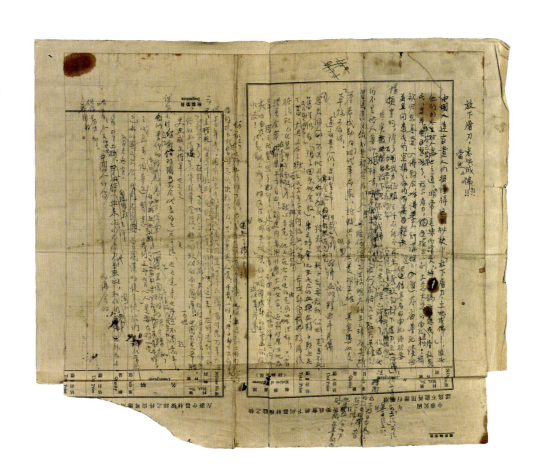

名称：成善谋《放下屠刀，当然成佛》手稿

时代：中华民国

尺寸：长 33.6 厘米，宽 39.5 厘米

普查类别：名人遗物

收藏单位：重庆红岩革命历史博物馆

名称:**杨汉秀从事地下工作时使用的羊皮箱**

时代:中华民国

尺寸:长 59.5 厘米,宽 34.5 厘米,高 15 厘米

普查类别:名人遗物

收藏单位:重庆红岩革命历史博物馆

名称：1949 年 11 月 21 日何柏梁在狱中托被策反的看守员带出的家信

时代：中华人民共和国

尺寸：长 6.8 厘米，宽 12.7 厘米

普查类别：名人遗物

收藏单位：重庆红岩革命历史博物馆

名称:**彭咏梧送给李汝为的怀表**

时代:中华民国

尺寸:长 6 厘米,宽 4.5 厘米,高 0.8 厘米

普查类别:名人遗物

收藏单位:重庆红岩革命历史博物馆

名称:**唐文渊烈士遗骸中的子弹**

时代:中华民国

尺寸:直径 0.9 厘米

普查类别:名人遗物

收藏单位:重庆红岩革命历史博物馆

名称:**杨虎城使用的佩剑**

时代:中华民国

尺寸:长 39 厘米,宽 5.5 厘米

普查类别:名人遗物

收藏单位:重庆红岩革命历史博物馆

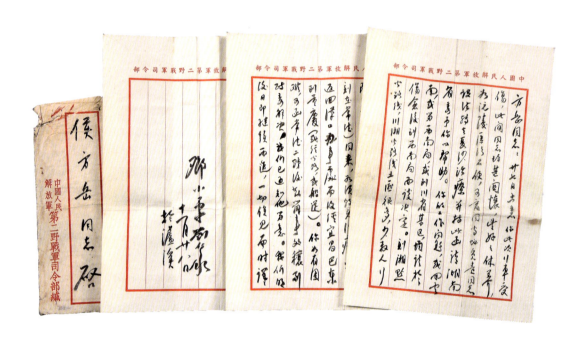

名称：1949 年邓小平和刘伯承进军西南途中给侯方岳的信

时代：中华人民共和国

尺寸：28.7 厘米，宽 20.3 厘米

普查类别：名人遗物

收藏单位：重庆红岩革命历史博物馆

名称:**1949 年重庆市人民欢迎解放军入城的红旗**

时代:中华人民共和国

尺寸:长 196.9 厘米,宽 28.5 厘米

普查类别:其他

收藏单位:重庆中国三峡博物馆

中华人
民共和
国初期

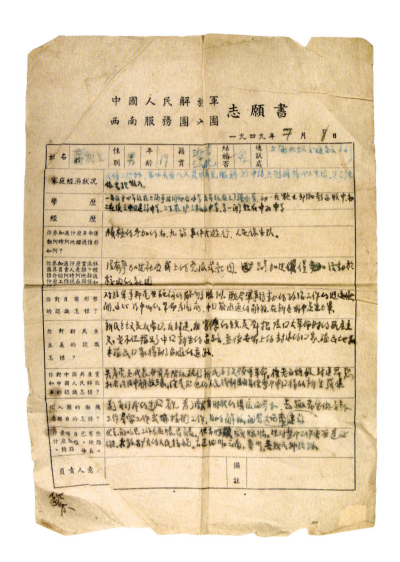

名称:**中国人民解放军西南服团入团志愿书**

时代:中华人民共和国

尺寸:长 30 厘米,宽 22 厘米

普查类别:档案文书

收藏单位:重庆中国三峡博物馆

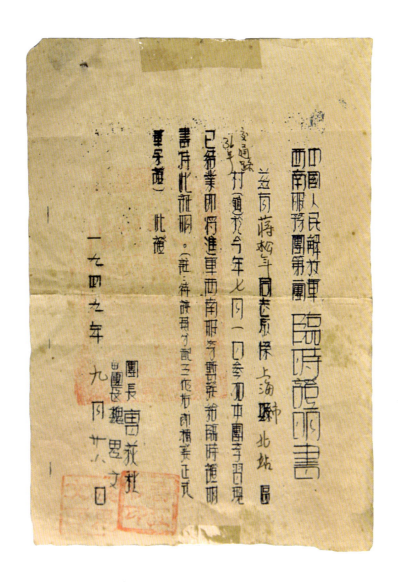

名称:**中国人民解放军西南服务团第一团临时证明书**

时代:中华人民共和国

尺寸:长 19 厘米,宽 13 厘米

普查类别:档案文书

收藏单位:重庆中国三峡博物馆

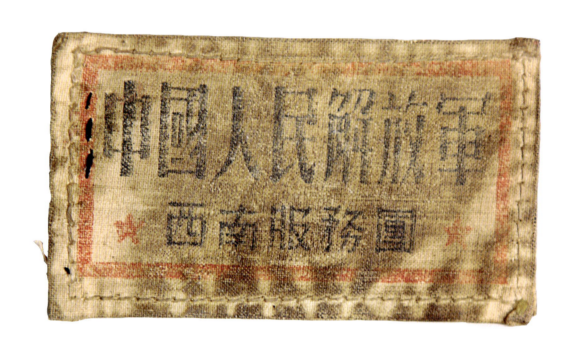

名称:**中国人民解放军西南服务团胸章**

时代:中华人民共和国

尺寸:长4厘米,宽8厘米

普查类别:文件、宣传品

收藏单位:重庆中国三峡博物馆

名称:**中国人民解放军西南服务团进军大西南途中陆本瑞的速写画**

时代:中华人民共和国

尺寸:长 26 厘米,宽 19 厘米

普查类别:文件、宣传品

收藏单位:重庆中国三峡博物馆

名称:1950 年 12 月原西南军政委员会的国徽

时代:中华人民共和国

尺寸:长径 83.5 厘米,短径 77 厘米

普查类别:其他

收藏单位:重庆中国三峡博物馆

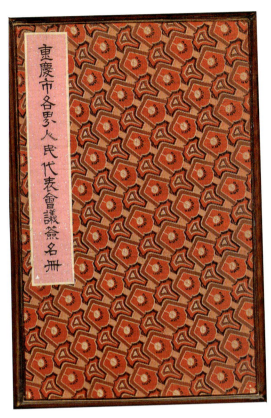

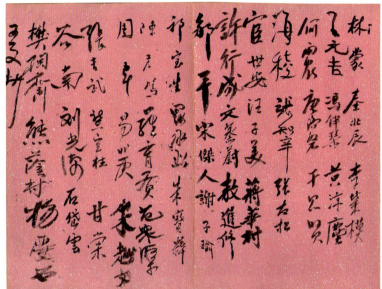

名称：1950 年重庆市第一届各界人民代表会议签名册

时代：中华人民共和国

尺寸：长 29.8 厘米，宽 19.4 厘米

普查类别：文件、宣传品

收藏单位：重庆中国三峡博物馆

名称：1950 年 6 月中央人民政府任命郑思群
为西南军政委员会文化委员会委员的任命书

时代：中华人民共和国

尺寸：长 26.7 厘米，宽 19.4 厘米

普查类别：文件、宣传品

收藏单位：重庆中国三峡博物馆

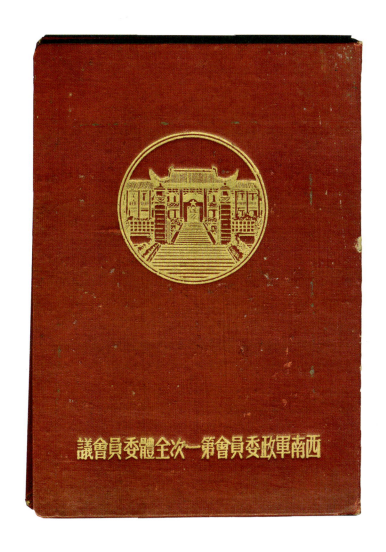

名称:1950 年 7 月西南军政委员会第一次
全体会议主席、副主席及委员名单本

时代:中华人民共和国

尺寸:长 20.5 厘米,宽 14.7 厘米

普查类别:文件、宣传品

收藏单位:重庆中国三峡博物馆

名称:**20 世纪 50 年代重庆市人民政府印**

时代:中华人民共和国

尺寸:长 7 厘米,宽 7 厘米

普查类别:玺印符牌

收藏单位:重庆中国三峡博物馆

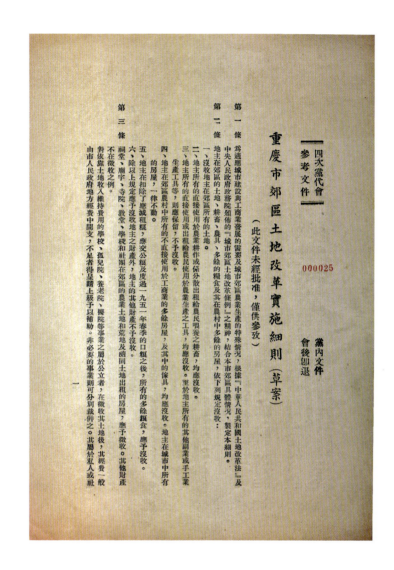

重慶市郊區土地改革實施細則（草案）

（此文件未經批准，僅供參攷）

000025

第一條 為適應城市建設與工商業發展的需要及城市郊區農業生產的特殊情況，根據『中華人民共和國土地改革法』及中央人民政府政務院頒佈的「城市郊區土地改革條例」之精神，結合本市郊區具體情況，製定本細則。

第二條 地主在郊區所有的土地、農具、多餘的糧食及其在農村中多餘的房屋，依下列規定沒收：

一、沒收地主在郊區所有的土地。

二、地主所有的直接使用於農業耕作或保分散出租給農民喂養之耕畜，均應沒收。

三、地主所有的直接使用或出租給農民使用於農業生產之工具，均應沒收。至於地主所有的其他副業或手工業生產工具等，則應保留，不予沒收。

四、地主在郊區農村中所有的不直接使用於工商業的多餘房屋，及其中的傢具，均應沒收。地主在城市中所有的房屋，一律不動。

五、地主在扣除了應減租糧，應交公糧及度過一九五一年春季的口糧之後，所有的多餘糧食，應予沒收。

六、除以上規定應予沒收地主之財產外，地主的其他財產不予沒收。

第三條 祠堂、廟宇、寺院、教堂、學校和社團在郊區的農業土地和荒地及廟間土地出租的房屋，應予徵收。其他財產不在徵收之例。在徵收其土地後，其經費一般由市人民政府地方經費中開支，不足者得呈請上級予以補助。非必要的事業則可分別裁併之。其屬於私人或社對依靠土地收入維持費用的學校、孤兒院、養老院、醫院等事業之屬於公立者，

一

名称：1950 年《重庆市郊区土地改革实施细则(草案)》

时代：中华人民共和国

尺寸：长 26.5 厘米，宽 18 厘米

普查类别：文件、宣传品

收藏单位：重庆中国三峡博物馆

名称:**20 世纪 50 年代川东北碚土地改革委员会章**

时代:中华人民共和国

尺寸:长 10.8 厘米

普查类别:玺印符牌

收藏单位:重庆中国三峡博物馆

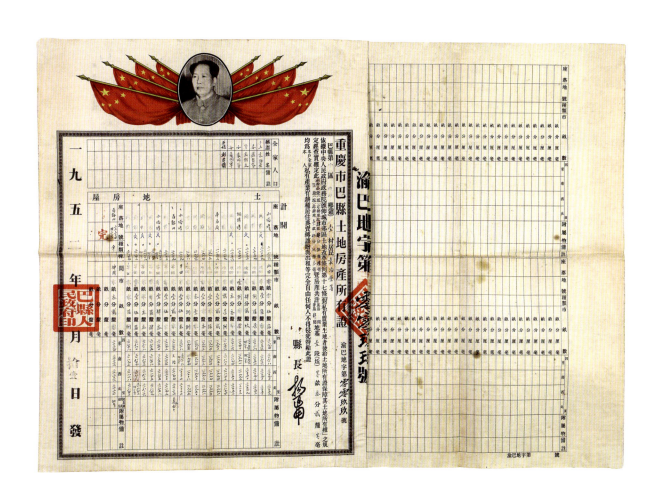

名称：**1952 年重庆市巴县土地房产所有证**

时代：中华人民共和国

尺寸：长 77 厘米，宽 54 厘米

普查类别：文件、宣传品

收藏单位：重庆中国三峡博物馆

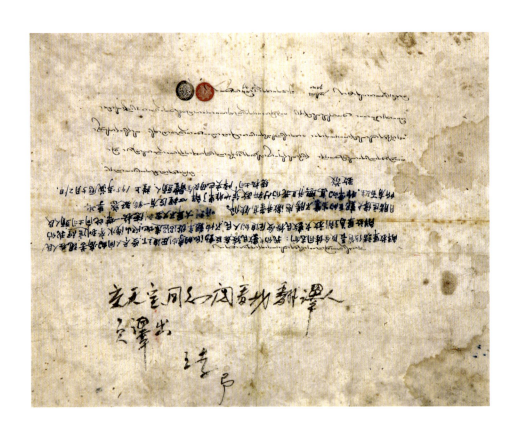

名称:**1950 年德格土司降央巴姆及全体头人上解放军书**

时代:中华人民共和国

尺寸:长 22 厘米,宽 28 厘米

普查类别:档案文书

收藏单位:重庆中国三峡博物馆

名称:**1951 年西藏和平解放时阿沛·阿旺晋美赠送给刘伯承的藏剑**

时代:中华人民共和国

尺寸:长 103 厘米,宽 4.7 厘米

普查类别:名人遗物

收藏单位:重庆市开州区刘伯承同志纪念馆管理处

名称:**1952 年解放西藏纪念铜章**

时代:中华人民共和国

尺寸:直径 4 厘米

普查类别:文件、宣传品

收藏单位:重庆中国三峡博物馆

名称:**1950 年川、康、青筑路纪念章**

时代:中华人民共和国

尺寸:直径 3.6 厘米

普查类别:文件、宣传品

收藏单位:重庆中国三峡博物馆

名称:**1952 年成渝铁路通车特辑**

时代:中华人民共和国

尺寸:长 27 厘米,宽 20 厘米

普查类别:文件、宣传品

收藏单位:重庆中国三峡博物馆

名称:**成渝铁路通车纪念章**

时代:中华人民共和国

尺寸:直径 3.5 厘米

普查类别:文件、宣传品

收藏单位:重庆中国三峡博物馆

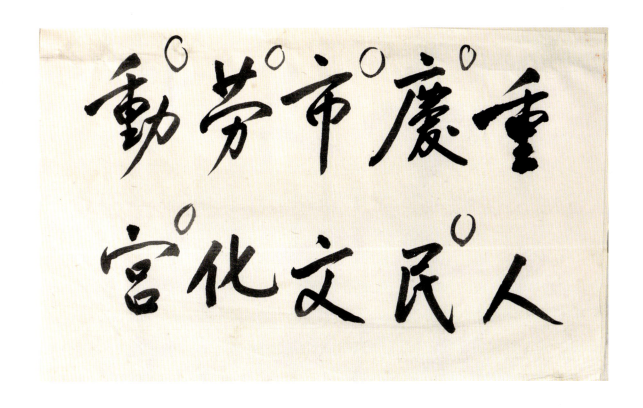

名称:**1951 年邓小平为重庆市劳动人民文化宫题字**

时代:中华人民共和国

尺寸:长 30 厘米,宽 22 厘米

普查类别:名人遗物

收藏单位:重庆中国三峡博物馆

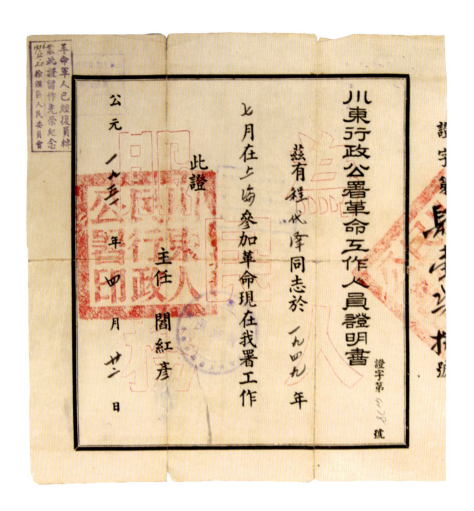

名称：**1951 年川东行政公署革命工作人员证明书**

时代：中华人民共和国

尺寸：长 20.5 厘米，宽 21 厘米

普查类别：文件、宣传品

收藏单位：重庆中国三峡博物馆

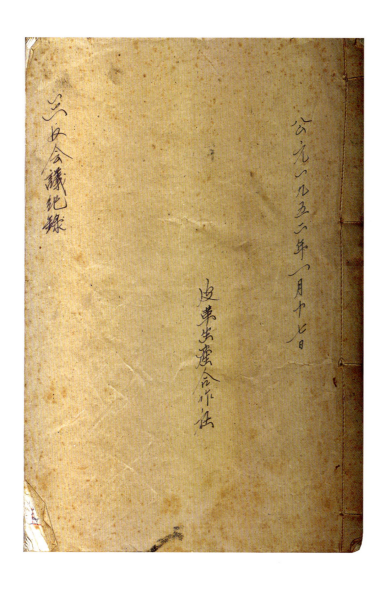

名称:**1952 年重庆皮革生产合作社三反会议记录册**

时代:中华人民共和国

尺寸:长 26 厘米,宽 18 厘米

普查类别:档案文书

收藏单位:重庆中国三峡博物馆

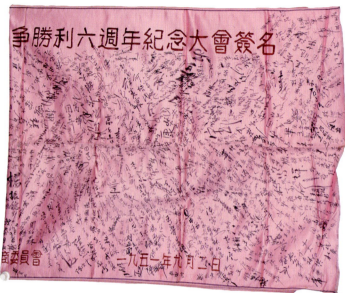

名称:1951 年重庆各界人民庆祝抗日战争胜利六周年纪念大会签名

时代:中华人民共和国

尺寸:长 71 厘米,宽 165 厘米

普查类别:文件、宣传品

收藏单位:重庆中国三峡博物馆

名称：**1951 年重庆各界"三三一惨案"廿四周年纪念大会签名绸**

时代：中华人民共和国

尺寸：长 274 厘米，宽 76 厘米

普查类别：文件、宣传品

收藏单位：重庆中国三峡博物馆

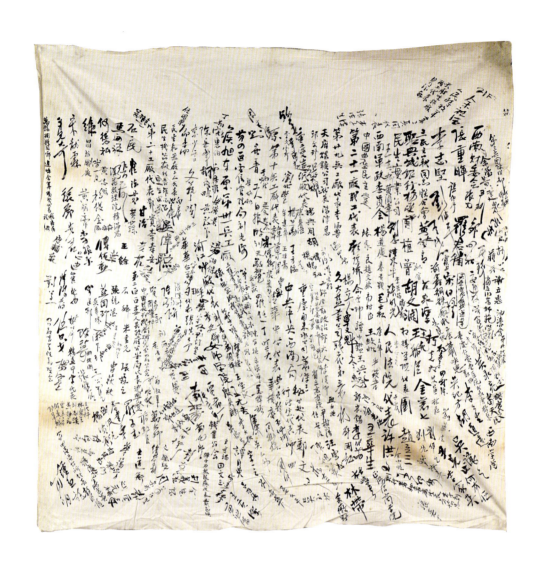

名称:**邓小平刘伯承等重庆各界人士悼念"一一二七"死难烈士签名布**

时代:中华人民共和国

尺寸:长91厘米,宽91厘米

普查类别:文件、宣传品

收藏单位:重庆中国三峡博物馆

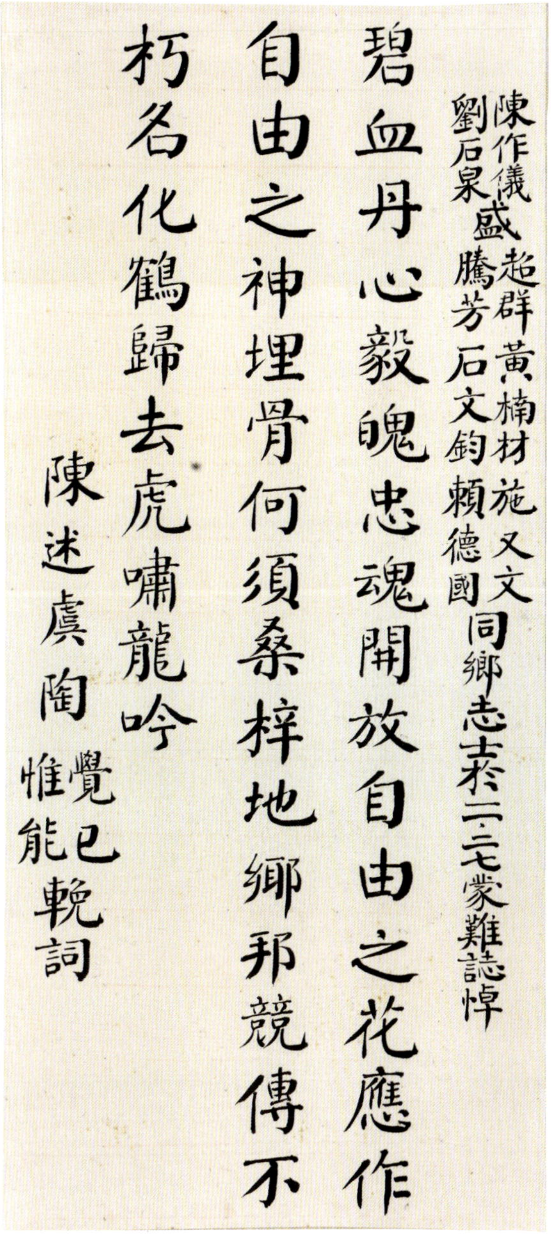

碧血丹心毅魄忠魂開放自由之花應作

自由之神埋骨何須桑梓地鄉邦競傳不

朽名化鶴歸去虎嘯龍吟

陳作儀超群黃楠材施又文
劉石泉盛騰芳石文鈞賴德國同鄉志士於一二七蒙難誌悼

陳述虞陶覺已輓詞
惟能

名称:**1950 年陈述虞等挽陈作仪等"一一二七"烈士楷书轴**

时代:中华人民共和国

尺寸:长 73 厘米,宽 33.2 厘米

普查类别:书法、绘画

收藏单位:重庆中国三峡博物馆

名称:中华人民共和国初期 12 军司令部警备司令部政治部挽
杨虎城将军暨"一一二七"遇难烈士横幅

时代:中华人民共和国

尺寸:长 225 厘米,宽 68 厘米

普查类别:文件、宣传品

收藏单位:重庆中国三峡博物馆

名称:**抗美援朝战争时期邱少云连队战地誓词**

时代:中华人民共和国

尺寸:长364厘米,宽78厘米

普查类别:文件、宣传品

收藏单位:邱少云烈士纪念馆

名称:**1952 年上甘岭战斗后遗留的树桩**

时代:中华人民共和国

尺寸:长 196.6 厘米,直径 37 厘米

普查类别:木器

收藏单位:重庆中国三峡博物馆

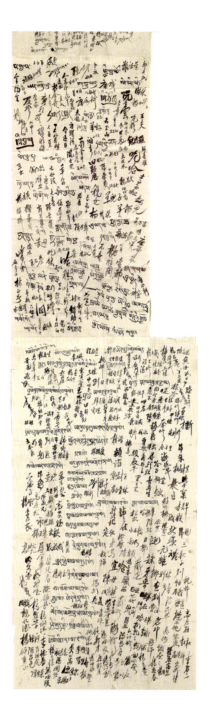

名称:**川北平武藏区抗美援朝宣言**

时代:中华人民共和国

尺寸:长66厘米,宽19厘米;长21.5厘米,宽17厘米;长28厘米,宽26厘米

普查类别:文件、宣传品

收藏单位:重庆中国三峡博物馆

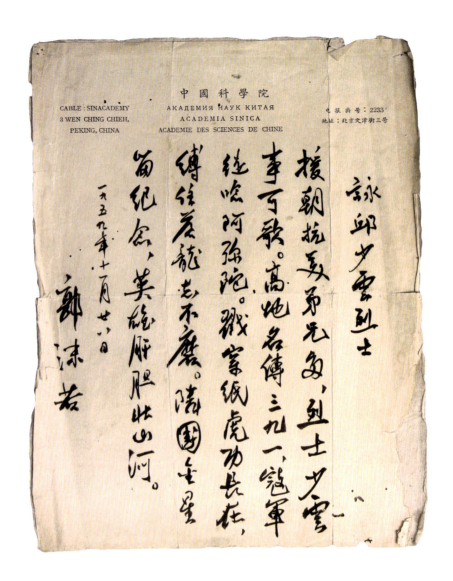

名称：**1959 年 11 月 28 日郭沫若题咏邱少云烈士手迹**

时代：中华人民共和国

尺寸：长 27 厘米，宽 21 厘米

普查类别：名人遗物

收藏单位：邱少云烈士纪念馆

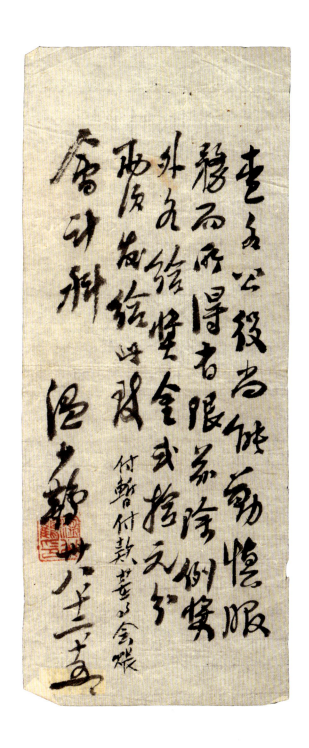

名称：**1949 年重庆自来水公司温少鹤的手扎**

时代：中华人民共和国

尺寸：长 23 厘米，宽 9.8 厘米

普查类别：名人遗物

收藏单位：重庆中国三峡博物馆

名称:1954 年温少鹤的重庆自来水公司股票

时代:中华人民共和国

尺寸:长 26 厘米,宽 29 厘米

普查类别:名人遗物

收藏单位:重庆中国三峡博物馆

名称:**1951 年中华医学会的会员证**

时代:中华人民共和国

尺寸:长 10.5 厘米,宽 7 厘米

普查类别:档案文书

收藏单位:重庆中国三峡博物馆

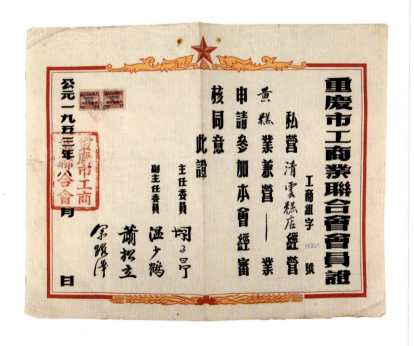

名称:**1953 年重庆市工商业联合会会员证**

时代:中华人民共和国

尺寸:长 39 厘米,宽 30 厘米

普查类别:档案文书

收藏单位:重庆中国三峡博物馆

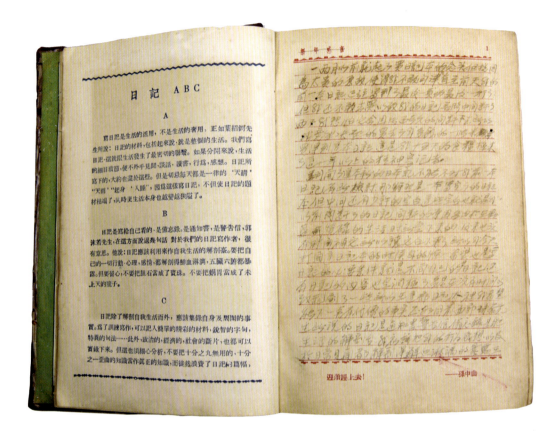

名称:**朱继武日记**

时代:中华人民共和国

尺寸:长 19 厘米,宽 18 厘米

普查类别:名人遗物

收藏单位:重庆中国三峡博物馆

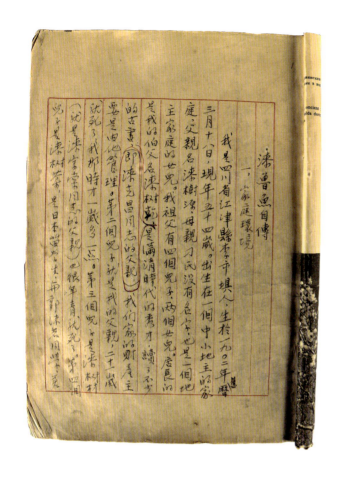

名称：**1956 年《漆鲁鱼自传》手稿**

时代：中华人民共和国

尺寸：长 26.5 厘米，宽 19 厘米

普查类别：名人遗物

收藏单位：重庆中国三峡博物馆

名称：**罗广斌写《红岩》时用过的钢笔**

时代：中华人民共和国

尺寸：长 13.7 厘米，直径 1.5 厘米

普查类别：名人遗物

收藏单位：重庆红岩革命历史博物馆

名称:**1959 年董必武楷书题字"红岩革命纪念馆"**

时代:中华人民共和国

尺寸:长 121 厘米,宽 37 厘米

普查类别:名人遗物

收藏单位:重庆红岩革命历史博物馆

名称:**1955 年刘伯承穿过的元帅服**

时代:中华人民共和国

尺寸:上衣:长 110 厘米,宽 80 厘米;裤子:长 104 厘米,宽 50 厘米

普查类别:名人遗物

收藏单位:重庆市开州区刘伯承同志纪念馆管理处

名称:**1951 至 1958 年刘伯承在南京军事学院担任院长期间使用过的黄色牛皮手提包**

时代:中华人民共和国

尺寸:长 39 厘米,宽 32 厘米,高 7 厘米

普查类别:名人遗物

收藏单位:刘伯承同志纪念馆管理处

名称:**20 世纪 50 年代聂荣臻使用的"劳力士"怀表**

时代:中华人民共和国

尺寸:直径4厘米

普查类别:名人遗物

收藏单位:聂荣臻元帅陈列馆

名称:**聂荣臻的元帅服**

时代:中华人民共和国

尺寸:衣长 78 厘米,袖长 65 厘米,肩宽 15 厘米,
裤长 105 厘米,腰围 96.5 厘米,帽子直径 26 厘米

普查类别:名人遗物

收藏单位:聂荣臻元帅陈列馆

巴渝藏珍系列图书是重庆市第一次全国可移动文物普查成果汇编,由两部分组成。其一为《巴渝藏珍——重庆市第一次全国可移动文物普查总结报告暨收藏单位名录》,收录了重庆市总报告、6家直属单位及39个区县的报告,以及全市165家国有文物收藏单位的基本信息。其二为《巴渝藏珍——重庆市第一次全国可移动文物普查文物精品图录》,由6部图录组成,分别是:标本、化石卷;石器、石刻、砖瓦、陶器、瓷器卷;书画、碑刻、古籍卷;金属器卷;工艺、文玩卷;近现代卷。

编委会及专家组讨论确定了编写体例和分卷原则,审定了编写组提交的入选文物清单。重庆中国三峡博物馆承担项目的组织工作。通过招投标,确定西南师范大学出版社为出版单位。

《巴渝藏珍——重庆市第一次全国可移动文物普查总结报告暨收藏单位名录》由重庆中国三峡博物馆甘玲、金维贤主编。各有关单位提供了本卷的图片。

《巴渝藏珍——重庆市第一次全国可移动文物普查文物精品图录》各分册分工如下:

卷一:标本、化石卷,由重庆自然博物馆李华、童江波主编。重庆自然博物馆地球科学部姜涛、钟鸣,生命科学部钟婧、陈锋、马琦参与初选整理;孙鼎纹、王龙重新拍摄了部分收录标本图片,向朝军对收录图片进行后期处理。相关区县博物馆、文物管理所提供了标本照片。

卷二:石器、石刻、砖瓦、陶器、瓷器卷,由重庆中国三峡博物馆王纯婧、李娟主编。重庆中国三峡博物馆藏品部甘玲、杨婧等参与了初选整理,研究部贺存定帮助初选石器文物。

卷三:书画、碑刻、古籍卷,由重庆中国三峡博物馆江洁、杨婧主编。重庆中国三峡博物馆藏品部胡承金等参与初选整理,研究部刘兴亮帮助初选古籍图书。

卷四:金属器卷,由重庆中国三峡博物馆夏伙根、吴汶益主编。重庆中国三峡博物馆藏品部庞佳、马磊参与初选整理。

卷五:工艺、文玩卷,由重庆中国三峡博物馆梁冠男、梁丽主编。重庆中国三峡博物馆藏品部庞佳、马磊参与初选整理。

卷六:近现代卷,由重庆中国三峡博物馆艾智科、张蕾蕾主编。

卷二至卷六所选文物藏品的图片,主要来自普查登录平台,重庆中国三峡博物馆文物信息部王越川为图片的提取、整理做了大量技术性工作。重庆中国三峡博物馆陈刚、申林与万州区博物馆李应东对不符合出版要求的图片进行了重新拍摄。

巴渝藏珍系列图书的编辑工作得到各直属单位和各区县的大力支持,重庆中国三峡博物馆抽调专业人员进行了为期一年多的文物甄选、资料收集、编辑、拍摄工作。编委会及专家组的王川平、张荣祥、刘豫川、白九江、邹后曦等先生对各分册编辑组提出的入选文物进行了审定。序言由李娟、黎力译为英文。西南师范大学出版社为图书顺利出版付出了大量辛勤劳动。对以上各单位的支持与专家、学者的付出,表示衷心感谢。

本丛书既是重庆市第一次全国可移动文物普查的成果汇编,也是重庆市可移动文物的第一部综合性大型图录,通过丛书可了解全市国有文物收藏单位及馆藏文物精品,进而了解重庆这座国家历史文化名城的深厚文化内涵。由于我们经验、水平和能力的不足,难免存在错讹和疏漏,敬请读者不吝赐教。